悟りから祈りへ

聖心会シスター 鈴木秀子
臨済宗僧侶 野口法蔵

佼成出版社

はじめに

野口法蔵

修行が何のためにあるのか、祈りが何のためにあるのかと考えますと、やはり人の幸福のためでなければ修行も祈りも意味がないだろうと思います。私は長年修行をしてきましたが、あるときシスター（鈴木秀子先生をこう呼ばせていただきます）に「修行のための修行ではね……」と、一言言われました。そうしたら釘なんてものじゃない、大きな杭が刺さってしまいました。

シスターの姿勢を拝見しますと、本当に人の幸せのために生きよう、ご自分の人生を捧げようという姿勢が見えますので、宮沢賢治でありませんが、この方のようになりたい、この方を見本にしようと、ここのところずっとシスターを追っかけています。それで学ぶべきところをしっかり学びたいと思っています。

修行をして悟って何になるのかということですが、修行をして力がつくのであれば何とか人の苦しみを和らげたい、それが修行の本筋であろうと今は思い直しています。

ですから私のやる五体投地は、「一回を一人の幸せのため」と思ってやっています。それまでは一日千人の代わりに懺悔するという発想だったのですが、最近では人の幸せを願って一回でもやろうと思うようになりました。

そういうふうに思いを変えていくと、それまではただ数だけをこなしていましたが、一回一回やる価値が変わりました。それでさらに変わってきたのは、お経を唱えることがようやく心地良くなってきたことです。今朝も朝起きて滝（滝行）に行かないでお経だけを上げてきました。いつもですと滝の水を浴びて五体投地をすることで満足していたのですが、お経だけでいいと思い始めたのです。

そのお経も、瞑想のように心地良くなるためではなく、誰かのためにお祈りをするというように読経への向き合い方、態度が変わってきました。それもすべてシスターのおかげだと思っています。シスターは私にとって生きているうちに会えてよかったという存在です。

この度、シスターからの学びの軌跡のような形の本を、シスターとの共著で刊行することになりました。読者のみなさんに、祈るということや人の幸せのために生きることについて、本書から何かを感じとっていただけたら幸いです。

悟りから祈りへ

目次

第3章　キリスト者の祈りと、僧侶の祈り

第4章　死に臨んでできること

第5章　自分との対話

第6章 自分を超える存在

第7章　これでいいのだ

附章　坐禅と断食

カバー画　オガサワラマサコ
装丁　大竹左紀斗

第1章

生きること、死ぬこと、祈ること

世界の宗教を見て歩いてきた……野口法蔵

私は今まで世界中あちらこちらの仏教の寺院を回って修行をしてきました。すべての仏教系の宗派を網羅したと言っていいと思います。どこでもやっていける、通用する信仰を得ようと意識して修行しました。ですから私は禅宗ですが、禅宗だけにこだわりません。

日本の曹洞宗や臨済宗は歴史が浅く、扱っている領域も狭いといえます。「禅」はみんな同じかというと違います。朝鮮半島や中国には日本よりもさらに歴史のある禅があります。本当は禅僧はみんなそういうところを回って、その違いを見てみるべきです。自分がやっている禅が通用するかどうかを試してみるべきだと思います。

日本でも僧侶はお寺で古典を勉強しますが、中国のお坊さんはそれに加えて、中国国内の修行道場へ高僧を訪ねて行くというようなことをしていて、それが修行の原点になっています。そのように昔の中国のお坊さんは雲水を積極的に行って、自分の実力を他の人に試してもらうというのが修行の大きな部分を占めていました。

それで私はその世界版をやってみようと思ったわけです。仏教というと禅宗に限らず、念仏もありますし、大乗仏教としてはチベット仏教というものがあります。ダライ・ラマの存在が有名ですが、海外ではチベット仏教に根強い人気があります。

そのチベット仏教の中でもいちばん厳しいといわれる寺院に、私は三年間滞在しました。何が厳しいかというと、戒律よりも寺院で修行する修行僧をとりまく生活環境が厳しいものでした。それ以外はと言いますと、インドでヒンドゥー教の修行もしました。ヒンドゥー教というのは、意外にも日本の仏教にもっとも近い宗教ではないかと思います。

また、お釈迦様がインドで仏教を説き始めたのと同じ時代に、インドではジャイナ教という宗教が盛んでした。みなさんには耳馴染みのない宗教かも知れませんが、仏教の経典の中では、このジャイナ教をライバル視してたくさん語られています。

ジャイナ教は、坐禅と断食を繰り返しながら修行するという極めて厳しい、「厳しい」という言葉を通り越したような宗教ですが、インドでは二千五百年たった今でもいまだに存在しています。同時発生した仏教はインド国内では滅んでしまいましたが、ジャイナ教は今でも続いているのです。

現在、インドのジャイナ教徒は数百万人といわれていますが、その食事は菜食で、みな午後からは食事をしません。そしてもうひとつの特徴は、お金持ちが多いということです。ジャイナ教徒の商人をマルワリ商人というのですが、広く人々の信頼を集めていて、宝石商などの商売を中心に活躍しています。

そしてジャイナ教の最大の特徴は、アヒンサーと呼ばれる「不殺生」を徹底していることです。蚊も、その他の虫も、生涯一切殺さないように努力して生きるということが根本の教義になっています。ですから、毎日毎日をものすごく注意深く生きます。インドですから、日本以上にたくさんの虫に囲まれているところで生きていかなければなりませんが、これを一つも殺さないで生きるということです。

ですからジャイナ教のお坊さんになるとものすごく大変で、蟻《あり》を踏んでしまうといけないので履物を履けないのです。裸足になって、さらに下を向いて、注意深く、注意深く歩いていかなければなりません。人生のあらゆる場面で注意を怠らずに生涯を送っていきます。

そのジャイナ教の寺院にも私は少しおりまして、このジャイナ教を通じて禅の世界を極めようと思いました。仏教ではなく、ジャイナ教の中に真髄があるように感じたからです。ジャイナ教の坐禅の極め方というのは、一言で言うと「食べない」ということです。絶食しながら坐禅をします。つまり頭の思考を早く止めるために、頭に回る栄養、糖分を止めるという考え方だと思います。

そうすると呼吸は必然的にゆっくりになっていきます。頭の中が空っぽになると、頭のみならず体全体が必要とする栄養分も少なくなるようで、断食が普通の常識を超えて長期間にわたって続けられるようになります。それも想像を超える長さで、一カ月や二カ月、またはそれ以上という期間の断食が行われます。

修行者たちは、体は痩せてはいきますが弱ってはいきません。断食が終わった途端にすっと立ち上がります。断食中はずっと坐禅をしていて、見た目では筋肉が落ちているように見えますが、筋力はかなり維持されているようでした。その場にいて、まったく驚きました。

このジャイナ教と同様、チベットの僧院も極めて粗食でした。ジャイナ教でもチベットでも坐禅をしながら極めて食事を少なくしている人たちに、病気が極めて少なかったということに、私は大きな示唆を受けました。これが、私が日本で坐禅断食会というものに取り組むきっかけの一つとなりました。精神的なことと肉体的なことが深くつながっているということも、この二つの修行の体験を通じて確信したことです。

私は日本に帰国してからも、全国の禅堂をあちこち巡り歩きました。中国や北朝鮮などの海外でも同じようなことをしたわけですが、日本における禅のあり方というのは禅堂ごとにまったく異なっていました。同じ曹洞宗を名乗っていてもまったく違うのです。どうしてこういう異なった流れが生まれてしまったのか。

日本の禅寺に来て感じたのは、みんな眠いということです。坐禅しながらも眠い。それで、寝る、叩かれる、寝る、叩かれる。その上で食べる。食べる、寝る、叩かれる、食べる、寝る、叩かれる。

正直言って、これで悟りは訪れないでしょう。食べなければ良いではないかと私は思うのですが、食べることが重要な修行であるというわけです。箸をどういうふうに上げて、どういうふうに食べるか、ということが修行だというわけですね。

それで実際はどういう食べ方をしているかというと、ものすごく早く食べるのです。ほとんど嚙まないで吞み込みます。ですから消化に悪い。それで坐っていて運動不足なので太っていきます。一汁一菜などと言いながら太っていくのです。健康にも悪いです。禅堂で修行していて糖尿病になるというのはどういうことかと思います。病気がほとんど見られなかったジャイナ教やチベットの僧院とは対照的です。結局、食べなければ良いのだと思います。そうすると眠気の問題も解決されます。でも、日本の禅宗ではそういうことは許されないというルールでした。

そういう経験を経て坐禅断食会というものを始めました。もう三十年目になります。わずか三日間、二泊三日の断食ですが、これによって精神的にも肉体的にも効率よく結果を得ることができます。この断食会を通じて、一人でも多くの人の悩みや苦しみを和らげてあげられたらと思っています。

とはいえ、やはり目に見える効果は肉体的側面に多いです。断食で病気が治ると言ってしまうと語弊がありますが、実体験として多くの人が辛さから解放されていくのを見ました。この活動をこれからも自分の信仰と結び付けながら、一人でも多くの人のお役に立てられるように努めていきたいと思っています。仏教で言うところの「衆生無辺誓願度《しゅじょうむへんせいがんど》」（すべての人を生死の苦しみから救おう）です。

しかし、私はこの自分の願いを思うとき、キリスト教から比べると、いかに弱い願いであるかと感じています。海外での体験から、キリスト教における人を救いたいという思いの強さに、自分の思いがいかに及ばないかということを痛感するのです。「慈悲」などと言っても、基本的に人のことは二の次なのです。

こう痛感するに至った体験をお話しします。

宗教への目を開いてくれたキリスト教的精神

野口法蔵

私は、もともとは僧侶ではなく報道カメラマンでした。二十代の前半にインドに取材に入りました。目指したのはマザー・テレサの施設「死を待つ人の家」です。世界中からたくさんの報道陣がいっぱい押し寄せていました。私が行った年に偶然、隣国のバングラデシュで大洪水が起きました。この地域の洪水は十二年に一度くらいの頻度で起きているのですが、最近は地球温暖化のせいでこのスパンは早まっているようです。これは日本でも同じではないかと思います。

マザー・テレサの施設はカルカッタ、今のコルカタというところにありますが、この川だらけの地域で一回洪水が起きると国中が水浸しになって、今の日本の集中豪雨の比ではありません。そうなると国中にコレラが蔓延します。安心して飲める水がなくなります。コレラにかかって死んだ人が川を流れて来たりするような惨状になりました。

私はジャーナリストとして、これは絶好の取材のタイミングだと思い、カメラを持って現場を前へ前へと進んで行きました。国連などの医療チームの姿がありましたが、私が現地で前進していくにつれて、そういう人たちの姿も見えなくなっていきました。帰る道筋が確保できているところまでは医療チームが活動できるのですが、それが難しい地域に入ると誰もいなくなるのです。

そういう中にあっていちばん最前線でコレラ患者の救済活動をしていたのが、マザー・テレサの施設のシスターたちでした。もうほとんど生きて帰れる見込みはないというところでも、シスターたちは活動を続けていました。後方を絶たれていますので、客観的に見れば自分もコレラにかかって死ぬだけという状況です。

キリスト教の奉仕の精神で活動するシスターたちですから、キリスト教の愛を全うしているのだといえばそうなのですが、そんな努力をしてもおそらく誰一人助けることはできないだろうと思われる状況です。その場に来ていたシスターたちは、全員地元ベンガル人のシスターたちのようでした。西洋人と思われる人の姿はありませんでした。彼女らは薬も水もないような極限状況の中で、必死にコレラ患者たちの世話をしていました。

そこで私はひとつの光景を目にします。もう息をしているかどうかもわからないような衰弱しきった赤ん坊を一人のシスターが抱きかかえて、口移しで息を吹き込んで蘇生させようとしていたのです。赤ん坊とはいえ、コレラ患者に口移しするということは、つまりコレラにかかってしまうということです。この赤ちゃんもたぶん死ぬでしょうし、このシスターもたぶん死ぬでしょう。それが九十九パーセント確実なことであるように、私には思われました。

私はその赤ちゃんとシスターにカメラのレンズを向けてシャッターを切りました。いい写真になったと思いました。ピュリッツァー賞を獲れるかも知れないと思いました。でも、後でそのフィルムは川で流されてしまって終わりでした。

そして、どうなったかと言いますと、やはり私もコレラにかかってしまうのです。そこまで現地に深く入り込んでしまえば止むを得ないことでした。高熱が出て意識を失ってしまいました。しばらくたって目が覚めたら、ずっと後方の野戦病院のようなところに寝かされていました。しかし医薬品は底を尽き、治療らしい治療もされないまま私は再び気を失い、もう一度目覚めたときには、クリスチャンの家庭で介抱されていました。

ですから私はキリスト教徒に命を助けられているのです。私を引き取ってくれたその家庭では、未婚の十代から二十代くらいの娘さんが三人いました。お父さんはその三人の娘に命じて医薬品の乏しい中、私の世話を代わる代わるさせました。これがキリスト教的精神だったのだと思います。そして、私は回復して元気を取り戻すことができました。

この見ず知らずのクリスチャンの家庭に助けてもらった体験と、そしてその前に目の当たりにしたシスターたちの行動から、私はキリスト教というものに強く興味を持ちました。というよりも、宗教というものに初めて興味を持ちました。ですから、私は最初から宗教的な人間だったわけではありません。フォトジャーナリストですから、物を見るだけの人間だったといってもいいかも知れません。

それから私はインドの巷に入り込んでいくことになります。インドの巷をさまよいながら、俗っぽいながらも今となっては忘れることのできない、さまざまな体験をすることになります。インドの街のヒンドゥー教的世界にどっぷりと浸かりました。

インドの巷にひしめくホームレスの人たちとも一緒に生活をしました。このホームレスというのは、マザー・テレサの施設に収容される側の人たち、地面で暮らして地面で死んでいくのが基本の人たちです。カルカッタのホームレスはベンガル人が多く、ほとんどバングラデシュから来た人たちです。二万人くらいいるとのことですが、マザー・テレサの救済施設に入れるのは男女各百人の二百人。これは一パーセントという非常に狭き門です。

救済施設の人たちがどういうふうに車で回って、どういう順番でピックアップしていくのかが、ホームレスたちにとっては大問題です。施設に入れてもらいたい人はいろいろパフォーマンスをするのですけれど、施設の側もちゃんと見抜いていて、下手なパフォーマンスでは収容してもらえません。

この人たちがどんな心境で暮らしているのか知りたいと思い、私はしばらくの間、ホームレスの人たちと路上で一緒に暮らしました。ところが、そこでまた病気をしてしまいます。

路上を流れている水を一緒に呑んで暮らすわけですから、チフスにかかってしまいました。でも大事には至らず回復しました。

そうこうするうちに、だんだんベンガル語もわかるようになってきて、簡単な会話もできるようになりました。ホームレスの人たちとの会話の中で、悲惨な話は一切出てきませんでした。明るい楽しい話ばかりでした。生活の現状は十分悲惨な状態といえるような人たちも、前向きな明るい話しかしません。人として生まれてきて良かったなあとか、そういう話を普通にしています。日本の我々の会話の中では耳にしないような言葉です。こういう発想をする原点は何だろうかと考えると、それはやはりヒンドゥー教です。もっと大きくいえば宗教です。宗教というものの存在が、私の中でますます無視できなくなってきました。

ラダックから始まった宗教者としての歩み

野口法蔵

インドの巷での生活が一段落して、今度は東からインドを横断して、正反対のパキスタンの近くへと向かいました。千数百キロの旅だったと思います。そこでチベット仏教の世界に飛び込もうと思いました。ダライ・ラマがいるというところは俗っぽくなっていると聞いていたので避けました。

チベット仏教の原点を学べるところはどこかと探しましたら、さらに北へ進んだラダックというインドの北西部にある僧院が見つかりました。チベット仏教というのはこの付近の七カ国で信仰され、二千カ所の僧院があるといわれていますが、百七十年前から同じ生活をしている僧院が、そこに二カ所だけあるということでした。私はその一つにたどり着いて、三年間を過ごすことになります。

ラダックで過ごし始めた初期段階で、私はそこでお坊さんにしてもらいました。その僧院の雰囲気がとても良く、私はここで本気で自分の宗教を獲得したいと思ったのです。自分の宗教が獲得できれば、一生涯どんな問題が起きても自分で解決できると思い込んでいましたので、そこでの修行に打ち込みました。今振り返っても素晴らしい三年間でした。

カトリックの修道院などでも「無言の行」があるということですが、そのラダックの僧院でもほとんど言葉を使わないで暮らすということをやっていました。全員で二十数人の集団で、アイコンタクトや身振りなどでお互いに意思疎通するのですが、そのことが非常に心地良く感じられました。言葉というものは使い方を誤ればトゲが立ちます。言葉の端々にトゲが立ってしまいます。相手の気持ちや望むこと、意思が言葉を通さないでわかってしまうと、こんなに楽なことはないのです。あとはチベット仏教の僧院では長々長々とお経をただ唱えていくだけです。朝と昼の食事時に顔を合わせることを除けば。

食事はお茶で麦の粉を練って食べます。ベジタリアンでも、野菜のないベジタリアンです。一年を通じて菜食なしの穀物だけ。そのような粗末な食事でしたが、そこで過ごすお坊さんたちに病気はありませんでした。カロリーは一日千キロカロリー以下だったと思います。栄養学の常識が通用しない世界です。

そしてものすごい寒冷な気候です。寒いのに暖房はありません。おまけに着るものも粗末な衣のみです。しかし、そういう中でもみんな気持ち良く暮らしていました。みんな体温が高いのです。栄養が満たされていないにもかかわらず体温が高いのです。それは気持ちが上がっていると言いますか、精神的な高揚が肉体に反映しているのだと思います。この気持ちというのは信仰心です。信仰心が高まると体温も高まって、過酷な環境にも耐えられるということなのではないかと思います。信仰心が病気を未然に防いでいるのです。

余談ですが、後日カルカッタに戻りまして、マザー・テレサの施設で「あのシスターたちはどうなりましたか？」とお聞きしたら、助かりましたとのことでした。「あのときの赤ちゃんは？」とお聞きしたら、施設の方が覚えていて、あの赤ちゃんも助かりましたというのです。どういうことでしょう。これは奇跡であるとしか言えません。お祈りの力と言いますか、ものすごい力が存在するということです。

自分をもっとも幸せにする方法

鈴木秀子

今、野口法蔵さんは長野県松本市にお住まいで、たくさんのマスコミやいろいろなところからお声がかかるのに、けっしてご自身は表に出ようとなさりません。良寛さんのように市井の人たちと一緒にいて、その人たちに手を差し伸べていらっしゃいます。そして坐禅断食の道を求める人にも指導をなさっています。

毎朝早く起きて滝に出向いては滝行をし、その後瞑想をし、そして五体投地ということをなさるわけです。作法に従って地面に体を投げ出し、うつ伏せになっては起き上がる。みなさんはそうでもないかも知れませんけれど、私などは床に座っただけで、もう立ち上がるのさえ大変です。それを一日何時間もかけて千回以上やるのだそうです。

私は修道院におりますから、今日はお祈りを怠けたいなと思っても、他の人の目があるから行くわけです。でも、誰の目もないたった一人の修行を毎日毎日続けていらっしゃるというのはすごいことだと思うのです。そうしてこれまでの五体投地がもう六百万回に達したということです。それを今日も続けていらっしゃいます。

華々しいことは全部お避けになって、市井にあって良寛さんのような生活をなさっている法蔵さんですけれど、本はたくさんお書きになっています。その本のひとつに書かれていますが、チベットでの修行の大変さ。私たちも沈黙の行を八年間しましたけれど、ものを言わないなんて、僧院での修行に比べれば何でもない。蛭《ひる》が上からいっぱい下りて来て、体中に食いついて血を吸って真っ赤になっていく。そういう中でも身動きもしないで修行を続けていらっしゃる。並々ならぬ修行をなさったのです。

そのような修行の結果が、毎日厳しく自分を律していらっしゃる今の生活に結び付いているのだと思います。真冬だって、嵐のときだってあるのですから、滝に行くのを怠けたいとか、寝ていたいとか思うときだってあるはずだと思うのです。それでも負けずに行く。人の目があるからではないのです。自分で決めたことだからなさる。私のようにいい加減ではないのです。そういうお姿、そういう生き方があるということを知るだけでも、みなさんに大きな力や勇気となると思うのです。

私たちが生きていくときに、いちばん何を求めているのか。これは多くの本にも書いてあることですけれど、それは幸せになることなのです。どの人でも幸せになるために、この世に生まれてきているのです。

あなたが幸せで、ニコニコしていて、心にゆとりがあって、落ち着いて穏やかでいられるときは誰だってそういうあなたのそばへ行くとうれしくなります。何も言わなくとも一緒にいるだけで、なんだか豊かな気持ちになって帰って行きます。

ですから一人一人の義務は、まず自分自身を幸せにすることから始まると思うのです。そのためには、人と比べて自分は駄目だとか、また失敗したとか、そういうふうに自分を責めないということがとても大事だと思うのです。それなのに、自分を大切にするということを、日本の文化はこれまで教えてこなかったと思います。

最近実感しますことは、日本というのは何と災害の多いところかということです。災害が多いから、危険なことに注意を払って、危険から身を守るということを第一に考えます。まず嫌なことに注意を向けるという習慣が、日本の文化の中に根強くあるのは、そういうことが背景にあると思うのです。

これが暑い国などに行きますと、明るい人がたくさんいます。貯えのお金などはとくに持たず、それでも結構楽しく賑やかに暮らしている人たちがいます。でも日本人は、やはり何かあったときのために備えをしておかなければと考えます。守りに焦点を当てているのだといえます。

私たちは日頃、自分の中のマイナスなところに目が行きがちで、そちらに重点を置いて考えてしまいがちです。でも、私たちは本当は神様から命を与えられた、一人一人が大切な存在です。それにもかかわらず、その自分の大切さを思うのではなく、「もっと頑張らなければ」とか、「今のままじゃ駄目だ」とか、「もっと誰々のようにならないと」とか、「もっとしっかりしなければ」とか、そんなふうに思いがちになっているると思うのです。そういう文化から私たちは今脱け出すべきだと思います。もっと大きな目で、自分という存在を見て、一人一人に神様が命を与えてくださっているということの重大さに気がついてほしいのです。

神様以外の誰が命を創り出せるでしょうか。偉いお医者さんが高価な注射をしてくれたとしても、寿命があれば病気は治るし、寿命が尽きれば死んでしまうというそれだけのことです。命というのは神様が限られた時間、私たちに与えてくださる尊いものです。この命がある限り、人は人として尊厳ある存在となります。命を与えられている自分という存在の尊さに、いつも気がついていてほしいと思います。

そしてまた、小さいときから今まで、この命を長らえることができたのは、けっして自分一人の力ではありません。親や周囲の人たちの保護や力添えがあったからこそであって、自分一人ではけっして生きていくことはできなかったはずです。そのことにも十分感謝の念を向けなければなりません。

自分の欠点がどうだとか、あれができないこれができないこれが足りないとか、もっとやらなければ頑張らなければとか、そういうことは二の次で良いのです。ともかく感謝を持って自分の命を大事にするのです。命を授けられ、生かされているということを神様に感謝し、この命を助け守ってくれた周囲の人たちにも感謝するのです。

病気になるとよくわかることですが、普通に暮らしていけることがどんなにありがたいことか。ここに歩いて来られるということがどんなにありがたいことか。失ってみないとわからないありがたさというものが、じつは日々の暮らしの中にたくさんあります。そういうものに気づいて感謝するということが大切です。

それから親でもいいし、身近な家族の方、ご先祖様などを含めてもいいですけれど、そういう身近な人にまず愛を注いでください。たった一度しか微笑むことができないとしたら、その微笑みを家族のために向けてください。まず、身近な人から愛することを始めて、そしてやがてたくさんの人に愛が及んでいくように努めていくことが、結局自分をもっとも幸せにする方法ではないかと思うのです。

私たちの日本の文化というのは素晴らしいものです。とくに自然との向き合い方、結び付き方が素晴らしいと思います。お天道様はすべて知っているという感覚は、自然に対して敬意と畏怖の念を持つ日本人らしいものといえます。だからこそ、自分を責めて卑下してしまいがちな、日本文化の否定的な側面から脱け出すことが、今こそ必要だと思うのです。

もっと大きなものに生かされて、たくさんの人たちからの恩恵で生かされているということに思いを寄せ、そのことに焦点を当てていくことが大切なのではないかと思います。

死んだらどこへ行くのか

野口法蔵

つい三、四日前まで、私は大槌というところに行っていました。東日本大震災で被災した大槌町です。私がそこに行くのは十回目になります。震災直後、大槌の人たちに「死んだら人はどこに行くのか」と聞かれることがありました。そういうときの私の答えは、「四十九日で生まれ変わりますから大丈夫ですよ。また次の生がありますので、それに向かって生きてください」というものです。これはチベット仏教、あるいはインドの考え方です。

シスターもご経験がおありと思いますが、私もかつて医者を相手に講演することがあって、「死んだら人はどこに行くのか」というような演題をよく出されました。ただ、今私がこれについて語るのであれば、もうひとつ「人は何のために生まれて、何をするために生きているのか。生きていることにどういう意味があるのか」という問題も付け加えたいと思います。

そして、さらに「老いと病気の先に迎える死、その死に目的があるか」ということも重ねて考えたいと思います。死の目的です。死んで終わるとか、死んでおしまい、という発想を私はしません。さらに言うなら、老いていくということは、これにも目的が必要だと思っています。まあ、その目的は必ずしも達成されなくても良いのですが、目的を設定して、今日を生きて、一カ月を生きて、一年を生きる、というようにしていくのが良いのではないかと思っています。

あと私がやっていることといえば、五体投地です。最近はインターネットで五体投地の映像を見ることもできるようですが、立ち上がってからバタッと倒れて礼拝して、また立ち上がるという祈り方です。私はチベットでこの五体投地を通じて信仰心を養ったので、ほぼこればっかりを三十年間やってきています。これだけの人生です。そしてこの人生にとても満足しています。

出家した社長さんの思い出

鈴木秀子

私は、「今とても苦しいです」とか、「病気で今度手術をすることになりました」とか、「苦しいけれど生きていきます」といったお手紙をたくさんいただきます。すぐにお返事を書きたいと思うのですけれど、なかなか時間が取れないので、その代わりにその方のお名前と置かれている状況を簡単に書いて、自室の壁に貼ってあります。それが結構な数になっています。「良くなりました」「治りました」というようなお手紙はあまりないので、いつもいろいろな貼り紙で壁がいっぱいです。

ちょうど一年前に亡くなったある方のことをお話しします。その方は有名な会社の社長までなさった方でしたが、その有名な会社よりももっと大きな会社をつくろうと、その準備に熱心に取りかかっておられました。ところがあるとき、大きな会社をつくったところで人生に何の意味があるのかという思いに、突然たどり着いてしまいました。そして周囲を見ると、自分と同じような年配の定年退職をした人たちが、これからの人生の目標を見失って右往左往している姿がありました。

そうしてその方は法蔵さんのところに行って、坐禅断食というものに取り組んだのです。坐禅断食というのは、五十人くらいの志願者が大きな会場に集まって、朝六時なら六時に起きて、坐禅を二十五分するわけです。その後三十分ほど休んでまた坐禅をする。そういうことを一時間ごとに繰り返します。夕方には法蔵さんからのお話があります。そういうふうにして三日間食べないのですが、毎時間繰り返す坐禅のおかげで空腹も気が紛れて、それほど辛い思いをしないうちに終わりを迎えます。

その方は七十代という年齢でしたけれど、すごい会社をつくって有名になることに何の価値があるのかと思い至って、定年退職した人たちのために何かできることはないかと考えました。そして法蔵さんの門を叩き、坐禅断食に取り組みながら、そのなかで自分の精神を立て直して、自分の生き方をしっかり見つめていきました。

一年間、繰り返し坐禅断食を行い、精神的な力を充実させていきながら、長年日本のビジネス社会で苦労を続けてきた経験を振り返っていきました。その経験と精神的なものとを結び付けていくことで、定年退職を迎えた同年配の人たちに、心の拠り所を提供することができるかも知れない。一人一人の心の成熟をお手伝いすることで、日本の社会を良くしていく小さな力になれるかも知れない。そういうふうにその方は考えたわけです。

そして、それからお寺に修行に入りました。朝は三時に起床。生まれて初めて墨染めの衣の着方を習い、一年間にわたってお坊さんになる訓練、修行に取り組みました。修行の一環として、毎日毎日、一日の大半を草取りするということもあったそうです。そういう大変な苦労の後、得度してお坊さんになる資格を得て、帰ってらっしゃいました。

でも、下を向いて草取りばかりを続けていたせいでもないのでしょうけれど、肺を痛めて息苦しさを訴えるようになり、結局肺がんですぐに亡くなってしまいました。私が病院にお見舞いに参りましても、「こんなところに寝ているわけにはいきません。みんなのために働きたいのです」とおっしゃっていました。そうして亡くなる日の、意識を失う直前まで、「みんなのために働きます」とおっしゃっていました。

最期のときには、法蔵さんも枕元に駆け付けてくださったのでとても喜んでおられました。法蔵さんの坐禅断食を引き継いで、その指導をしていきたいという夢もおありのようでしたが、それも叶うことはありませんでした。

しかし、その方の生き方はとても立派なものだったと私は心から思いますし、その方に生き方の方向を指し示すインスピレーションを与えた、野口法蔵さんという方も素晴らしい方なのです。

心の底から温かい思いを伝える訓練

鈴木秀子

私も結構嫌な目に遭うことがあります。ずっと低血圧だった私の血圧が、あるとき急に上がってしまいました。お医者さんから血圧の薬をいただき飲んでいました。血圧の薬というのは一度飲み始めると一生飲まなければ駄目なのだそうです。やめたい、やめたいと思いながら今でもその薬は飲み続けています。

ところで、その薬の困るところは、グレープフルーツを食べると倒れてしまうということなのです。ある旅行先でその薬を飲んでいたのにもかかわらず、グレープフルーツの皮を甘く煮たおいしそうなデザートが出たので、これは皮だから大丈夫でしょうと考えて二切れくらい食べてしまいました。そうしましたら突然気分が悪くなりまして、立ち上がった途端に頭から戸棚に突っ込んで、ものすごく大きな音を立てて戸棚を壊しながら倒れてしまいました。

ちょうどその場にお医者さんがいて、気がついたらお医者さんが「救急車！　救急車！」と大きな声で叫んでいるのです。私が「お医者さんならここにいるじゃありませんか」と言ったら、「あなたはもう目がひっくり返っているから駄目です」と言います。それでともかく救急車に乗せられました。

そのときの体験がとても印象に残っています。救急車の隊員の方が、救急車に乗せてくださったり、車内で面倒を見てくださったりしたのですが、その方たちの言葉がとても優しいのです。「さあ、横にしますよ」「車に乗せますよ」「さあ、起き上がりますよ」と、細かくていねいに言ってくださるのです。ていねいに一つ一つ説明してくれるその言い方がとても温かいのです。

そうして車が動き出しますと、やはり体をぶつけましたから痛いのですね。痛いのですけれど、何か甘美な思いに体中が満たされているのです。心地良い思いなのです。そうして、何か自分の中の魂がすうっと体から抜けて上がっていくような感じがしました。「ああ、こういうように人は死ぬのだなあ」と思いました。死ぬ時というのは、こんなにも得も言われぬ甘美な思いに満たされるのだなと思いました。痛い体はそのまま残って、甘美な思いの魂となって体から抜けて行くという、そういう体験をしたのです。

でも、こういう甘美な思いに満たされるというのは、私一人ではできないことだなとも思いました。お医者さんや救急車の隊員や看護師さんやそばに付いていてくれた人たちが、私をとても大切に扱ってくださったからこそだなと思いました。その人たちにとって旅行者の私は、どこの誰ともわからない見知らぬ人に過ぎないわけです。それにもかかわらず、ていねいにていねいに大切な人として扱ってくれる。病院に着いたのは真夜中でしたけれど、看護師さんもお医者さんもていねいにしてくれるのです。

ですから、死ぬときに、そばに誰かが寄り添って温かい思いを伝えてくれるというのは、とても大事なのだなと思いました。それによって人は、本当に甘美な思いに包まれて、この世に別れを告げることができるでしょう。残していく人たちとの深い絆を感じながら、気持ち良くあの世に行けると思うのです。

お若い方々は、これからたくさんの人を見送ることになるかも知れません。しかし、死の淵にある人に温かい思いをかけるといっても、突然そういう場に居合わせてなかなかうまくできるものではありません。やはり日常生活の中で、一人の人に心の底から温かい思いをかけるという訓練をしておくことがとても大事なのではないかと、その救急車の体験の後で思いました。

私たちは、「人を愛しましょう」とか、「人を大切にしましょう」とか、「慈悲をかけましょう」とか言いますが、それはどれひとつをとっても容易には果たせない大きな課題です。そうではなくて、もっと小さな些細なことに目を向けた方がいいように思います。

日常生活の一場面で、わーっと言い返したいときに、一呼吸おいて気持ちを切り替えてみる。この人はきっと疲れ過ぎているのではないだろうか、と思いやりの気持ちで見てみる。どうしても言い返したいときには、言い返すのも良いですけれど、できるのであれば少しこらえて、言い返そうと思った一言をやめて優しい言葉に取り替えてみる。本人にしか気づかない、目立たない小さな訓練ですけれども、こういう小さな訓練こそが、自分をもっとも幸せにする秘訣なのではないかと、私はこの頃つくづく思っています。もっとも小さな簡単なことこそ、人を幸せにする近道であり、コツなのではないかと思うのです。

私は死に臨んでいる人のところによく呼ばれて行きますが、その方たちに「何をしたいですか?」と聞くと、「家に帰りたい」「喧嘩した人と仲直りしたい」「自分の口で食べたい」「自分の足で歩きたい」「自分の足で自分でお手洗いに行きたい」というようなことをおっしゃいます。みんな当たり前のようなことばかりです。私たちはそれを当たり前と思っていますが、けっしてそうではないのです。ですから、それがどんなに大きな恵みか、ということに時々思いをめぐらしていただけたらと思うのです。

自分の欠点のことをいつまでも考えたり、あの人がああ言った、こう言った、自分のあれが悪い、これが足りない、そのようなことはどうでもいいのです。生かされている命の前で、そんなことは小さなことです。それよりも、しっかり自分を大切にするということを学び直してください。

そして自分を大切にできるようになると、知らないうちに他の人を大切にできるようになります。自分自身の尊さを自分できちんと認めてあげられるようになると、周りの人が、知らないうちに本当にいい人に変わっていきます。だから寝る前に「今日もよく頑張ったね」とか、「今日も雨にもかかわらず、よく出かけて来られたね」とか、いろいろと当たり前の小さなことで自分を認めてあげるということが、幸せの秘訣なのだと、私はこの頃考えています。

第2章

祈りとは何か

明らかになってきた祈りの効果…………鈴木秀子

法蔵さんは大変な修行をなさって、命というものをとても大切になさっています。法蔵さんとご一緒しているとき、お食事を始めようとしたら蜂《はち》のような虫が飛んできたので、私は急いでその蜂を蠅《はえ》叩きで殺そうとしたのです。もうちょっとで叩けると思ったそのときに、法蔵さんが立ち上がって黙ってティッシュペーパーを手に取ると、その蜂のところへ行ってつかまえて、玄関のドアを開けて外に出し、大自然の中にその蜂を放してあげました。そして静かに戻っていらっしゃったのですが、そうしたら部屋の中にまるで生きとし生けるものがそのままありますようにと祈りが満ちているようでした。祈りを実践していらっしゃる方というのはこういう行動に現れ、同時に祈りで場を充満させるのだなあと身に染みて感じました。

また、私が台湾に行ったときの話なのですが、一緒に行った尼僧さんと食事をしていましたら蚊がとまったのです。いつものように私がその蚊を叩こうといたしましたら、その私の手をその尼僧さんがつかんで、「その蚊はあなたのお祖父さんかも知れない」と言うのです。私はそれを聞いて、なるほどと感心してしまいました。生き物の命を、蚊の命でさえ大切にする人たちが世の中にはたくさんいるわけです。ましてやご自分の命は、本当に大切にしていただきたいと思います。

そして、今日という一日を生きてこられたことに、夜寝る前に感謝してください。命があるからこそ、こうして歩いてここに来ることができた。知り合いにも出会えてあいさつできた。そしていろいろなお話を聴くこともできた。すごいことではありませんか。もしも病気だったらそんなことはできませんものね。

そういう自分に与えられた恵みに感謝して、自分自身の尊さも自分できちんと認めてあげる。その訓練をするだけで、ご自分も周囲の人も幸せになっていきます。人は自分だけで幸せになることはできないのです。必ず他の人の喜びが自分の喜びになっていくのです。

それから、誰かのために祈ることについて、私は最近ひとつの決意をいたしました。これからの私はもっぱら祈ること専門でいこうと思うのです。今までの私たちの生活はもちろんその中心に祈ることがありました。しかし、今後はとくに苦しんでいる人たちのために、これからの人生を、祈りを捧げることに集中していこうと思っています。

この祈りというものにどういう力や効果があるのか、科学的にはよくわかりませんでした。

しかし、この十八年間で脳の働きの解明が進み、新しいことがいろいろわかってきました。たくさんの実験がありますが、がんになった人たちへのお祈りの実験は大変興味深いものです。

まず、同じような状態のがん患者を四十名ずつの二つのグループに分けます。そして片方のグループの人たちについて、がんが治るようにとお祈りを捧げて、そのことをがん患者のみなさんにも伝えます。そうすると六カ月後に、何もしなかったグループのがん患者は九十パーセント亡くなってしまったのに対し、祈りを捧げた方のグループは四人しか亡くならなかったというのです。お祈りに力があるということの証拠かも知れないし、あるいは誰かが自分のために祈ってくれているということにがん患者が力づけられて、自分の治癒力を十分に発揮できたのかも知れません。

この実験には続きがあります。がん患者を二つのグループに分けて、その一方のグループには、患者一人一人の名前を唱えながらその人のためにお祈りをする人たちが付きました。しかし、そういうお祈りをしている人たちがいるということを患者本人には伝えませんでした。そうしましたら、六カ月後、お祈りを受けていたグループは亡くなった人が十三パーセントで、何もしなかった方が九十パーセント近くだったというのです。

ということは、人間は深いところでみんなつながっているのではないかということです。そのつながりを通じて、お祈りも相手に影響を及ぼしていくのではないか。ですから憎らしい奥さんのためにでも、憎らしいご主人のためにでもいいから、その人のために祈るということはとても大事だと思うのです。その人が幸せでありますようにとか、元気でいられますようにとか、何でもいいですので、良かれと思うことを祈ったら良いと思います。

ただし、あの人が憎らしいから死にますようにというような祈りはいけません。そういう呪いは必ず自分に返ってきます。そうではなくて、どの人も幸せになるようにと祈ってください。一人一人が命をいただいていること、それが人間の尊厳ですから、その尊さを十分に活かせるようにと祈ってください。一人一人みんな個性が違って、一人一人がみんな素晴らしい人です。自分が置かれた場で、その個性をどんな形でも良いから発揮しながら、自分にできることをしていくというのが、いちばん良いことなのだろうと思います。

祈りの形、祈りの心

鈴木秀子

私たちはシスターですから無一物です。何も物を所有していません。今は洋服を着ていますが、私たちは昔は黒い修道服を二着持っているだけでした。今からアフリカに行きなさいと言われたら、三十分で支度が終わるような、そんな生活をしていました。

でも、そのうちに教会の体制が大きく変わりました。修道服というのは中世の未亡人の服装を取り入れたもので、その他にも厳しい規則がたくさんありました。しかし、キリストが何のために生まれて、どのようにこの世を生きたのか、という原点に立ち返ろうという機運が生まれました。キリストは普通の人と同じ洋服を着て、普通の人と同じ生活をしていたわけです。その精神に立ち返って、昔ながらの格好などにこだわるのはやめようということになったわけです。

そういう変化が教会に起こった初めの頃は、修道服を着ても良いし普通の服装をしても良いということになっていました。私は大学で教えていましたから、普通の格好をして大学の中を歩いていましたら、前の方を昔ながらの修道服を着た一人のシスターが歩いていました。そうすると学生もたくさん歩いていたわけですが、学生たちは修道服を着ている人にはみんなお辞儀をするのです。そして普通の格好をしている私の前は素通りなのです。形のあるものにはみんなが敬意を表するのだなということを目の当たりにしました。それはそれで良いのだと思います。形というものにも意味はあるのです。修道服に出会った人が、その意味を考えていくうちに神様に出会うということもあるかも知れません。

私があるときに京都に行ったときに、駅で向こうから尼僧さんが歩いて来るのに出会いました。あの方たちはどのような生活をしているのだろうと思いました。そういう普通ではない存在であるという、形を示すことも意味のある大切なことなのかも知れません。

しかしながら、今の私たちは何も目立たない普通の服装をしています。結婚式に行けばその場にふさわしいそれなりの服を着ますし、ごく普通の生活をしています。普通の生活ですが、キリストの精神を生きるというのはどういうことかということを、いつも考え追い求めながら生きています。

キリストという存在は、ご自分が命を分け与えた一人一人が本当の意味で幸せになるようにと、いつも慈悲と力と助けを与え続けていらっしゃいます。その精神に少しでも近づけるような生き方を私たちはしていきたいと思っています。

聖心という私たちの修道会は、フランス革命の直後に、当時の男性社会にあって、リーダーとなるべき男性のよき母となり妻となる女性を教育するという目的で設立されたものです。そういう上流階級の子女の教育にあたる一方、貧しい人たちの救済ということにも熱心に取り組んできました。上流階級は物質的にも権力的にも優位な特別な力を与えられている、だからそのことの恩返しをするために、できるだけ人のために働くと同時に苦しんでいる人、病気の人、辛い思いをしている人、助けの力を今必要としている人のために祈りなさいということを、この修道会は掲げて実践してきました。

さて、ではどのようにして祈るのかということです。キリストは助けを求める人や苦痛を訴える人のところに出向いて、手を当てて病を癒したりというような奇跡をたくさん起こしました。しかし、一人荒れ野に退いて考えると、自分が直接出会って奇跡を起こしてあげられる人の数は限られていて、苦しんでいる人の数には到底及ばない。だから、多くの人の苦しみを自分が担い、人々が癒され生きる喜びを味わえるようにと、キリストは心をこめて祈ったと聖書に書かれています。

私たちも修道院の暮らしの中で、一日何時間か祈るという義務があります。朝起きて一時間祈ります。それから一時間半みんなと一緒に祈ります。みんなと一緒に祈るときは、地震などの災害で苦しんでいる人たちのために、みんなで手を合わせて祈るというようなこともします。その他にも、夜寝る前に一時間などと決められています。夜のお祈りでは、今、とくに力を必要として苦しんでいる人たちのことを具体的に思いながら、お祈りの力でその試練を乗り越えさせてもらえるようにと祈りを捧げます。

今、日本では約二万人の人が自殺していくといわれています。その三万人につながる家族は何十万人といるでしょう。自殺志願者も数知れずいることと思います。これは日本社会が抱える闇です。そういう人たちは、たとえ体が健康だとしても、命ぎりぎりに苦しみながら生きています。

自殺する人は決して死にたくて死ぬわけではありません。私も自殺の瀬戸際まで来て苦しんでいる人に何人も会っていますけれども、誰かが自分に心を向けてくれて、この苦しみをわかってくれれば、死ななくても済む人たちばかりなのです。死にたくて死ぬ人はいません。孤独の中で自分なんて生きていてもしょうがないと思いこんでしまうのです。

だから、そういう人たちのためにこの祈りが届くように、神様がいちばん良いように計らってくださるようにと祈ります。私たちはその人のそばに行って話を聞いたり力づけてあげたりはできないけれども、神様は人と自然を通して働かれると言います。そばにいる人から優しい言葉をかけてもらったり、街で偶然誰かが微笑みかけてくれたりして、その人がまた生きる力を取り戻してくれるように。神様の良き計らいがあり、すべての人の苦しみを担われたキリストがいつも私たちと共にいてくださることを私たちは証しできますようにと祈るわけです。

お祈りというのは形が決められているものもあります。仏教の「南無阿弥陀仏」であるとか、私たちの「天にましますす」であるとか、そういう形式の決まったお祈りの仕方がありま す。みんなで共同でお祈りをするときは、そういう形式に従って声を合わせてお祈りをしま す。

また、一人でお祈りをするときには、ただ心に浮かぶままに、お祈りを捧げたい人のことを思ったりして自由にお祈りします。何か良いことがあって喜んでいる人のことを思って、その喜びが人間としての大きな成長につながるようにという、喜びを共にする祈りもありま す。でも多くの場合は、苦しみに直面している人が、その苦しみをチャンスとして人間とし て成長し、幸せに向かっていけるようにと祈っています。

感謝としての祈り

鈴木秀子

祈り方については、思い浮かぶままで良いのですけれど、誰のためにお祈りしようということが思い浮かんだら、その人が苦しんでいる場合には、その人の幸せな姿をイメージしながら、その人が楽になりますようにとお祈りをします。しかし、それだけだとエゴにつながりかねませんから、それを通してその人が人間として成長し、周りの人の喜びとなっていきますようにと祈ります。その人が得をするようにというだけではなくて、その人がよりよく成長し、その人が幸せの発信地になるようにとお祈りするのが良いと思うのです。

一人一人が幸せ発信地になっていって、そうして国全体に喜びと平和が広がっていくようにお祈りしていきたいと思います。穏やかで平和で、そばにいるだけで癒されるような人が増えていってくれれば良いと思います。

私の友人の家が火事になってしまったことがあります。成城にあった立派な家が一夜のうちに焼けてしまいました。ご近所の人が来て「大変だったね」とか「可哀想に」とかいう同情の言葉を投げかけてくれたのだそうです。そうして明け方に、まだ火のぬくもりで温かくなっている庭の大きな石に、茫然として座っていたら、ただ黙ってそばに座っていてくれる人があった。それがとてもありがたかったという話を、よくしてくれます。寄り添うというのはそういうことだと思うのですね。

一人一人の人間をどう変えていったら良いかではなくて、神様がいちばん良いように働いてくださるから、細かいことは神様に委ねてこの人がこの辛い経験を乗り越えて、みんなの幸せ発信地になりますようにと、そういうことを自分の言葉として出てくるものを祈ったら良いのではないかと思います。

自分だけが得をするのが祈りではないのだということを忘れずに、その人のために祈りを捧げることによって、その人が成長し、幸せを周りに降り注ぐ存在になるように、より良い幸せ発信地になるようにと祈るのであれば、自分の言葉でどのように祈っても良いと思うのです。

私たちは修道院の生活ですから、もちろんお酒も呑みませんし、夜のお食事が終わると規則で決まっているお祈りの時間が始まって、みんなと一緒に祈りますから一時間でもできます。みなさんでしたら、ベッドに入ってから眠りにつくまでの時間をお祈りにあててくだされば良いのです。目をつぶってすぐに寝てしまう場合もあるかも知れませんが、それまでの一分でも何秒かでもいいですから、お祈りしてくだされればいいのです。

それも特別なことに感謝しなくても、当たり前のことに感謝すればいいのです。目が見えてありがたいとか、こんなベッドがあってありがたいといったことでいいのです。今日もこうして無事に過ごすことができて、寝ることができて、支えてくれる家族があって、食べるものもあってという、そういう当たり前のことに感謝する訓練というのが、とても大事だと思います。

だから寝る前に、今日も歩けてありがたいとか、喧嘩する相手があってありがたいとか何でもいいので、ともかくありがたいと感謝して眠れば、朝はとってもいい目覚めになっていきます。どうぞお試しください。これはとても大きな幸せの秘訣です。

自分のために祈ってくれる人

鈴木秀子

先日、二十三歳の息子さんをオートバイ事故で突然亡くしてしまったお母さんがいました。そのお母さんは当然のことながら、嘆いて嘆いて嘆き続けるわけです。そういうお母さんにかけてあげられるような言葉などないと思います。それを偉そうに、神様が計らってくださったのですとか、その人にいちばんいいときに神様は命を召されるのですとか、そのような理屈など通るはずがないのです。お母さんの気持ちになったならば、ただただ息子が死んで悲しい。

だからもう、そういうときは私は申し上げる言葉もなく、ただ「お祈りします」と言うだけです。手を握って、本当にその人の気持ちを感じ取って、ただ一緒に座っていて、二十分くらいたったら黙って帰って来ます。帰るときも「お祈りしています」と言うだけです。

祈りということで私が思い出すことがあります。知人の医師の紹介で若い男の方が訪ねていらっしゃいました。その人はいつも船に乗っている方でしたから、家に帰れるのはたまにしかありません。そうしたら奥さんが鬱病になってしまい、五歳の子供がお母さんから虐待されて、身体中あざだらけになっていました。それで彼が帰ると、その子は「パパと一緒に行きたいから連れて行って」と言います。自分も本当に連れて行きたいと思うけれど、船に乗る仕事があるからそれはできない。

私がおじいさんやおばあさんなど、お子さんを見てくださる方はいらっしゃらないのですかと聞くと、自分も妻も両親がもういなくて、誰も面倒を見てくれる人はいないというのです。では、これからどうするのがいちばんいいでしょうと聞いたら、奥さんの鬱病が治るためのことをともかく考えて、子供は施設に預けると言ったのです。

私もそれを聞いていて、それがいちばんよく、他に方法はないだろうと思って、そうですねと言いました。そして、私はあなたのために何も具体的にしてあげることがないけれど、私にできることは祈ることだけですから、あなたのために毎日祈りますと言ったのです。そうしたらその方は突然大粒の涙をポロポロポロポロと流して涙を拭くこともなく大声を出して泣かれたのです。

そして嗚咽が鎮まったときに、この広い世の中で自分のために祈ってくれるという人が誰か一人でもいてくれる、本当にどれだけありがたいことかわかりませんと言って、晴れ晴れとしてお帰りになりました。

その知人の医師の伝《つて》によりますと、お父さんも元気で働き、子供も施設に入って、お母さんはお医者さんのところで徐々に生活を取り戻そうとしているとのことです。

自分は孤独だと思う以前に、私たちは深い人間の命でつながりあっていて、そこではみんなひとつで、一人の人の思いはみんなつながっています。私たち人間はエネルギーが弱まってくると必ずイライラしたり怒ったりし、それを誰かにぶっつけたくなります。エネルギーが弱まるときはどういうときかと言いますと、お腹が空いたり、食事のバランスがうまくいっていないとき、それから怒りを溜め込んでいるとき、それから寂しいときです。そして、親しい方たちと楽しい話をしようという努力をやめたときは、とても疲れているときだと言います。

だから、私たちはちょっとでも自分から温かい思いが伝わっていくようにすることが大事で、それが祈りだと思うのです。たとえば子供が出かけるときに、「交通事故に遭わないように気をつけなさいね」と言うよりも、「元気で帰っていらっしゃい」と言って送り出す。その姿を思い浮かべながら、良い気を一緒に送り出すのがいいのです。病気の人も自分の力では何もできないかもしれませんから、良い気を送り合うこと、それもお互いの祈りだと思います

誰かのために祈るということは、その人のことを思うということです。だから、会わなくとも、その人のことをすごく身近に親しく感じます。久しぶりにお会いしても、つながりや

絆が深くなっていることを感じることができます。

みなさんも、初めは形だけかも知れませんけれども、誰かの幸せのために祈ることを心がけていると、必ず自分にも恵みが返ってきます。そういうことを期待して、欲得づくでやるわけではありませんけれども、誰かのために祈っていると、知らぬうちに自分自身も何か生きやすくなっているということを感じるようになると思います。聖書にも書いてある通り、祈りというものは、無駄になる祈りはひとつもないのです。人の不幸を祈るのでは駄目ですけれど、自分のエゴを乗り越えて人のために祈る、人の幸せを祈ったときに自分もまた幸せをもらうのだということを、よく頭で理解してお祈りしてほしいと思います。

学校の先生でしたら、生徒たちのために毎朝祈る。私も、今日講演に行くとすると、どなたがおいでになるのかわかりませんけれど、集まってくださる方の人生がよりよく幸せに向かいますようにと祈ってくるわけです。自分の力では何もできませんけれど、何かを神様が計らってくださるように、全能の神様は必ずそうしてくださるので、そこにすべてを委ねる。だから、ある意味ではとても楽です。祈りというのはすべてを神様に委ねるということです。

年齢による信仰心の変化

鈴木秀子

私は東京大学の大学院で学びまして、東大の学生はやはり質がいいと思いました。そして、優秀な人たちに囲まれて学べるというのは恵みであると思いました。その代わりに競争も激しかったです。

時代の影響もあると思いますが、バブルの頃に聖心女子大学で教鞭を執るようになって、それこそ「鬼の鈴木」と呼ばれるような学生には厳しい教師でありました。「鬼の鈴木」という評判をものともしないで「よしやろう」という意欲のある学生が集まってきたわけですから、ゼミなどにも優秀な学生が集まりました。この学生たちを育てれば、東大に行っている学生より遥かによくなると考えて、それはもう叱咤激励して、「あなたたちは能力もあるのだから頑張りなさい」と宿題なんか出したこと出したこと。

その代わり、宿題が返ってくるわけですから、私も死に物狂いで丸を付けたり点を付けたりして戻すわけです。それもまた大変だったのですけれど、これだけこちらも頑張れば、この学生たちは東大の学生などに負けないほど優れた学生になると確信を持ってやっていました。

でもあるとき私も気がつくわけです。そういうようにして世の中での名声や業績を追い求めたところで何になるのかと。業績を上げたり素晴らしい成果を残したりすることは大事です。そこをいい加減にしても良いということではないし、能力のある人はどんどん前進していくべきです。しかし、もっと人間にとって大切なことがあるはずです。夜、感謝して眠りに就くとか、小さなことでも他の人に尽くすとか、自分が嫌な考えに囚われたときにそれをすぐに切り替えるとか、そういうような学生を育てていくことをやっていきたいというふうに、あるときから考え方を変えました。

アメリカにいるとき、ある神父さんに、お姉さんがいるという話をしていらしたので、「お姉さんといくつ違うんですか」と尋ねましたら、「年のことは絶対に聞いてはいけない。そんな失礼なことはない」と言われたのです。日本人にとっては、当たり前。中国や韓国では、年をまず聞かなければ、敬語の使い方も定まりません。ところが、西洋では「年のことは絶対に聞いてはいけない」。「なぜそこまでこだわるのですか」と聞いたら、「年というと、その年齢に応じたイメージがある。年のことを話すと、自分がその年齢に合わせたもののようになっていく」というのです。だから、いつも自分がなりたい年齢をイメージするのがいいのです。あまりかけ離れると無理ですけれども、少しくらい若い年齢を思い浮かべ、年のことなんてあまり考えないで、できるんだと思いなさい、と言われました。

やはり若い頃は、世の中から見て立派なシスターになりたいとか、そういうことに結構囚われていました。でも年を取るということは、自分の限界がたくさん見えてくるということだと思うのです。自分は誰かさんのようにはできなくとも、自分には自分らしいものがある、それでいいではないかと思えるようになりました。聖なる諦めですね。そうして現実から出発していって、現実の中で今何ができるかを考えていくことにだんだん重きを置くようになりました。だから、今がいちばん生きやすいと思います。生きていくのが簡単です。何もしないで神様にすべてを委ねて頼む一方です。

絶望している人に話を聞くとき

鈴木秀子

私たちの人生には、病気をしたり絶望したりということがあります。大きなケースではありませんけれども、私のところに来る方は、みなさんそういう小さなケースを抱えていらっしゃる方ばかりです。手紙もたくさん来まして、とくにテレビに出た後というのは、見知らぬ人から手紙が山のように来ます。世の中にはこんなにもたくさんの人が苦しんでいるのだと思い知らされます。絶望している人がこんなにもいらっしゃるのかと、ていねいに手紙を読んで、すぐに返事をしたくとも書き切れない。

訪ねて来てくださる方たちにも、言える言葉というのは何もありません。ただ、その人の手を握って、ただ黙ってお祈りしながら一緒にいるだけです。そうしてしばらく一緒にいると、安心感が芽生えてぽつぽつお話をなさり始めます。

最初は黙ってお話を聞きます。それは愚痴や嘆きの言葉ばかりです。自分がいかに辛く苦しく大変なのかということばかりです。でもそれを話し切らないと、次の心の変化が起こらないわけです。ですから、この人はどんなに辛いかということを、その人の言う言葉をそのまま自分の中でも繰り返しながら、ともかくひたすらに辛い状況にある人たちに心を合わせて、その人の心に入り込むようにしてお話を聞きます。

早く解決してすっきりしたいという気持ちもあるわけですから、私の方にも言いたいことはたくさんあります。しかし、お話しされる方の心の中のもやもやしたものが一旦発散されるという段階を経ないと、その次の心の転換というものが起こりません。早く解決したいという思いを抑えて聴き続けるというのは辛いことです。男性はとくにそう感じるかも知れません。男性はこうすればいいという解決策をすぐに言ってしまいがちです。ですが、そこをこらえて黙って聴くのです。

ですから日常生活ではその訓練として、奥さんがぶつぶつといろいろなことを言い出したならば、解決策を言ってしまわないで聴いてあげるのです。それが日常からの良い訓練になります。そうやっておかないと、大きなことに出会ったときに、やろうとしてもできません。小さいことで毎日訓練しておくことが大事だろうと思います。その意味では、私は幸いにもそういう人たちがたくさん来てくださいますから、良い訓練をさせてもらっています。

死に臨む人と呼吸を合わせる

鈴木秀子

私が呼ばれるときは、その方の死期が近づいている場合が多いのですね。先日、テレビの収録があったときには、死が迫っているような若い人にもたくさん接したのですけれど、親や周囲の方々がその若者に死んでほしくないと願っているから、死が間近ですと紹介するようなテレビ取材を受けてくれる人はいません。ですからテレビに出てくださるのは老人です。

どんな病人のところに行っても、私がすることはその方の胸のあたりに手を置いて、そのはあはあとする呼吸に合わせて息を吸ったり吐いたりします。そうしてしばらくそれを続けながら、だんだんゆっくり息を吐いて、ゆっくり吸うようにしているとそのリズムに病人も乗ってきて、呼吸が穏やかになっていきます。そして必ずその人は眠るのです。

そうして手を当てながら、癒しの力を神様からいただいて、その力が私の手を通してその人に達するようにと祈ります。その人は大体一時間くらい眠ることがほとんどです。眠っている間に、その神様の力が与えられて働くと私は確信しています。亡くなる人も、人によりいろいろな過程をたどりますが、最期にはほとんどの人が安らかに亡くなっていきます。

そして次には、亡くなった人の家族の問題が待っています。亡くなる人のところに行くということには、亡くなった後の家族の気持ちの整理を助けるという仕事もあります。それには大体半年くらいかかります。長い場合は三年くらい、その家族の人たちと付き合います。

ある方の奥さんが亡くなったときには、その方お一人では食事にも不自由するから、朝の修道会のお食事にお招きしました。その方は奥さんの小さな写真をかたわらに置いて、嘆いたり涙ぐんだりしながらお食事していました。三年くらいそれが続いたら、四年目にさっさと結婚してしまいました。その人は寂しくて、誰かがいないと生きられない人だったと思うのです。ああいう辛い時期を抜け出すために、新しい生活に切り替えていくために、あの三年間が必要だったのだということを感じます。人はそれぞれに違いますから、その人その人に寄り添っていくということです。

そして、できることといえば、まず寝る前でも、電車の中でも、いつでも自分を認めてあげてください。人のために何ができるかを考えて、家族のためでも、誰のためにでもいいです。自分にできることをいつも考えていてください。そして、寝る前には自分を認めてあげ、大切にしてください。自分を認めることが自分を大切にする大事な秘訣だと思います。どうぞご自分を大切な存在だと思って、お大事にお願いいたします。

第3章

キリスト者の祈りと、僧侶の祈り

どうして足跡は一つになったのか……野口法蔵

「あしあと」

ある夜、私は夢を見た。私は、主とともに、なぎさを歩いていた。
暗い夜空に、これまでの私の人生が映し出された。
どの光景にも、砂の上に二人のあしあとが残されていた。
一つは私のあしあと、もう一つは主のあしあとであった。
これまでの人生の最後の光景が映し出されたとき、
私は砂の上のあしあとに目を留めた。
そこには一つのあしあとしかなかった。
私の人生でいちばん辛く、悲しいときだった。

このことがいつも私の心を乱していたので、
私はその悩みについて主にお尋ねした。
「主よ。私があなたに従うと決心したとき、あなたは、
すべての道において私とともに歩み、
私と語り合ってくださると約束されました。
それなのに、私の人生のいちばん辛いとき、一人のあしあとしかなかったのです。
いちばんあなたを必要としたときに、
あなたがなぜ私を捨てられたのか、私にはわかりません」
主はささやかれた。
「私の大切な子よ。私はあなたを愛している。
あなたを決して捨てたりはしない。ましてや、苦しみや試みのときに。
あしあとが一つだったとき、私はあなたを背負って歩いていた」

この詩を、シスターはときどき禅問答として、高名なお坊さんに、最後の三行を明かさずに、「最後にどうして足跡が一つになったと思いますか」と質問されます。多くは臨済宗の老師の方々です。キリスト教の方々ですとその答えはご存じですが、仏教の方は知りません。老師の考えで答えるのですが、聖書のように、神が人をおぶって足跡が一つになったという

ようなお答えは誰もなさらない。

正眼僧堂《しょうげんそうどう》の山川宗玄《やまかわそうげん》老師などは、神様がおぶさって人に試練を与えている、とこういう厳しいことをおっしゃいます。でも、その人は雲水のように強い人ではなく疲れ切った旅人ですから、いくら何でもその上におぶさることをするだろうかと思いましたけれど、かと言って、私の答えもありませんでした。

この詩は、困ったときに大いなるものは何をしてくれるのか、と問いかけ、何もしてくれなかったじゃないかと言いますが、実際はそばにいてくれたということでした。そばにいて何をしてくれたか、してくれなかったのか、という評価なのか、そばにいてくれただけでその苦しみは軽くなるのか、大いなるものにどういうふうに心を合わせるのでしょうか。

私の知り合いのアンリさんというベルギーの神父さんで、新潟に四十年もいらっしゃる方がいますが、その人がどうして神父になったのかということを書かれています。若い頃に身体障害者の施設に行ったら、その施設に貼り紙がしてあって、そこには「私がしてほしいと思うことだけをお手伝いしてください」と書かれていました。そのとき彼は自分に何ができるだろうかと考えました。

そして神父になろうとしたとき、「お前は肉屋の子なんだから、神父になんかなれない」と周りの人が馬鹿にして、神学校に行ったときにもそう言われたというのです。どうしようか、やめようかと思ったときに、司祭が「あなたはなんて傲慢なんでしょう。人は神が創ったものなんですよ。神が創ったものを自分が駄目だと思うのはなんて傲慢なのか」と言われて、ハッとしたというのです。

そのことはシスターもよく言われます。それは、ただこれでいいのだというわけでもなく、いい面を出していき、また人のいい面を見られるようになりなさいということかなと思います。そのことを幸せ発信地とおっしゃいますが、自分が幸せになり、そして人も幸せになる基地となるようにしなさいということですね。それが広まればすべて幸福の輪が広がっていくのではないかというのです。

そういうこともあって、私は断食の指導もやってきているのですが、直接一人の人の中での変化を見たいし、見ていけたらと思ってやってきています。最近では他の人の影響で自分も影響されて変わっていけるのが断食会かなと思っています。ですから、参加された人には具合の悪い人もいますし、病気の人もいるのですが、その人が他の人にいい影響を与えて、影響を与えられた人の調子が良くなり、そのせいで自分も調子を戻していくというような集まりにしたいと思っています。

これは断食会三十年の中でこの二、三年のことですが、シスターを拝見してから変わってきたと思っています。そしてその場の雰囲気をだいぶつくれてきたかなと思っています。ですから、この断食会は実験の場でもありますが、そういう幸せ発信地となるような場にしたいというふうに私も思うようになりました。

最近、小さい断食の会をやりました。昔は私の自宅で七人と指導者三人を入れて十人くらいの断食会をやっていたのですが、最近はずっと五十人くらいなので、十人の断食は久しぶりでした。断食中は講話の時間などもありますが、少人数なのでみなさんの意見が聞けます。

みなさんは私の話を聞くだけだと思っていたようでしたが、そのときは、「あなたの人生を五分で語るなら」というテーマで話をしてもらうことにしました。とくに「もっとも辛かったのはどんなときでしたか」と聞きました。

断食中、体が弱ってくると、そういうことがありありと思い浮かんでくるのです。それを聞きました。もちろん私も話しました。そうしたら人の苦しみを感じたのですね。その後、みなさんの座り方が違ってきました。姿勢の悪い人も動く人もいましたが、それが動かなくなりました。それは人の苦しみに同感したのだろうと思いますし、自分の苦しみというものは何だったのだろうと考えたのでしょう。おかげでどこかで記憶されていたものが、みんなで話したことによって軽くなった気がしました。

つまり、辛い記憶や体験を人はいつまでも持ち続けていくわけです。どこかでそれを軽くしたり、手放したりする必要があったのですが、断食会でそれができました。小さい会は小さい会なりにそんなことができたのです。

決して変わらないものはあるか

鈴木秀子

私の辛かったことは言いたくないのですが、自分の人生を振り返ってみて結構大変なことがいろいろありました。それこそ私たちは今とは違って厳しい修行もありましたし、フランス語を覚えたり、英語を覚えたりしなければならず、いろんなことがあって大変でしたけれど、もっとも辛かったのは終戦のときのことです。

終戦のときに、夏休みが終わって学校に行ったときのことです。私はわりと勉強が好きでしたし、先生たちにも可愛がられていましたが、ものすごく尊敬していた校長先生がクラスで、「見てみよ、あの馬鹿者どもが今でも、奉拝（天皇陛下の写真に向かってお辞儀をすること）をしている」と言ったのですね。夏休み前までは、私たちは天皇陛下の写真が祀られている小さなお社《やしろ》のようなところでいつも最敬礼をしていて、それをもっとも大切にするものとして教えられていました。

私が尊敬して大好きだったその先生が、一人の生徒のことを、今まで教えられた通りのことをやっていることに対して、そう言ったのです。当時の私にとっても大事な価値のあることでしたから、それがガラガラと音を立てて崩れていったような気がしました。

そして、じゃあ、いったい何を信じたらいいのか、この世の中で変わらずに、ずっと変わることなく続く価値というものはあるのだろうか、と心の中に本当に穴があいて、ずっと何も埋めることのできないような空虚な感じがしました。何をもってしても埋めることのできない、この世の中で変わっていかない、もっとも価値あるものは何だろう。それが若いときの私が模索し続けたいちばん深いことでした。

大学に入ってから大親友になったのは作家の曽野綾子さんですが、よく彼女の家に泊まりに行ったりしました。その彼女から聞いた話を紹介します。戦争中にイギリスやアメリカのシスター（その頃はマザーと呼んでいましたが）たちは、引っ張られて長崎のキャンプに入れられました。でも同盟国のドイツのシスターたちは残ったのです。そのシスターたちが講義をしていると、憲兵が来てそのシスターを押しのけて生徒たちに向かって、神様なんていない、そんな馬鹿げたことは信じるな。日本という国は戦争に勝って立派な国なんだということを蕩々と言いました。それをシスターは後ろの方で聞いていて、憲兵が去っていくと黙って元どおり教壇に立って、あたかも何もなかったかのように前と同じように、人のためにどんな小さなことでもいいから尽くしなさい、それが本当に大切なことだということを話し続けられたというのです。

その人たちの態度は何が起きようとひとつも変わることがなかったということを付け加えられたときに、初めて私は変わることがないことが世の中にあるんだと目覚めたのです。それが私が修道院に入るきっかけになったのだと思います。

人智を超えた大いなる計らい

鈴木秀子

私たちは自分がこうすればいいとか、ああすればいいとか、努力の結果で人生は良くなっていくと考えがちです。それももちろん大事で、疎かにすることはできませんが、それ以上に、人智を超える大いなる計らいの中で生かされているということを、私は年を重ねるにつれてしみじみ感じるようになりました。大いなる存在が私たちの人生にじかに手を触れ、いろいろなことを導いて力を与えてくださっていることを感じるようになったのです。

それで思い出したのですが、私が長年にわたって亡くなるまで親しくしていた方に、作家の遠藤周作さんがいます。遠藤さんとの忘れられない思い出はたくさんありますが、何年も前のあることを思い出しました。

遠藤さんは軽井沢にとてもいい別荘を建てられたのです。建築家にいい設計をしてもらって建材も選び、素敵な木造の別荘が出来上がりました。ところが遠藤さんはその年の夏はとても忙しくて別荘で過ごすことができず、翌年の夏の初めにその別荘を開けに行き、その前に立ったとき、呆然としたそうです。

というのは、いい建材を使った別荘の壁一面に、きれいな丸い穴の模様ができていたからです。それはキツツキのしわざでした。それを眺めながら遠藤さんはしばらく立ち尽くしたそうです。

遠藤さんは、丸い穴を見てこう感じたといいます。小さな鳥たちが人間のしわざではない、見事な丸い穴を開けている。そういう力がどうしてあるのだろう、誰がそういう力を鳥たちに与えたのだろうか。そのきれいな穴を眺めていると、人間の人智を超える存在というものを考えざるを得なかった。そういう存在があの小さなキツツキという鳥に、力を授けているのだと感動したということでした。さらに目の前には大きな木があり、その大きな木の根本には小さな草花が咲いている。

聖書の中に「この白百合を見よ。白百合は自分で装うこともなく、そして他の花より見事だと昂ることもなく、ただそこにいる。その一輪の白百合は紡ぎもせず、働きもしない。そこにじっと立っているだけなのに、ソロモンの栄華にも勝る美しさを備えているではないか」という言葉があります。ソロモンの栄華というのはその当時もっとも豪華なものでした。どんなに人工的な美しさよりも、百合の花はそれを遥かに超える美しさを備えているではないか。そして、野にある一輪の花、空を飛ぶ一羽の鳥のように、あなたという存在は優れているではないか、と聖書は語っています。

私たちは、本当に自分は駄目だ、あれができないから駄目だ、などと言いがちですが、考えてみれば自分で苦労して目をつくったわけでもなく、足をつくったわけでもありません。それなのにこうしてものを見、歩いている。そして素晴らしい音楽や読経の声、そういうものに心揺さぶられる心もある。そして美しい花を見ることもできる。そのようなものを自分がつくっているわけもなく、ただ与えられているのです。

私たちが生きるということは、見えない、気がつかない、そうした小さい計らいの積み重ねに対して、気づき続けることです。それが幸せになることじゃないでしょうか。うっかりすると、私たちは誰かと比べたり、誰かがいいことをすると自分は駄目だとか思ってしまいます。

私たちの人生で苦しみとか辛いことというのは、自分が思う通りにならないときではありませんか。まして他の人が思う通りになっているのに、自分だけ思い通りにならないというときは辛いですね。でもそういうときこそ、私たちには人智を超える大いなる計らいが働いていてくれるということがあるのではないでしょうか。

それに気づき続けることが、人間として生きていく大きな見事な力になっていくだろうと思うのです。私は歴史上の偉大な人たちのことを読んだり聞いたりするときに、こういうふうに後世まで名前は残らないかもしれないけれど、名もない、本当に他の人にも知られないで、小さいことを続けて積み重ねていく人たちの見事な人生が、いろんなところで野の百合のように、私たちの周りにたくさん燦然と輝いていると思うのです。

ご自分の親のことを考えてみてください。私たちの親というのは辛い時代を生きてきました。苦しい思いをしながらもそういうことを乗り越えながら、子供を育ててくれたじゃありませんか。そういう親のような存在が、私たちの周りには本当にたくさんいて、そういう人たちの存在が、視点を変えてみれば、どんなに私たちに力を与え、導いてくれているかということに私は思い至るのです。

お経をアレンジして楽しんで読む

……野口法蔵

お経を毎日唱えていると、好きなお経というのが出てきます。仏教のお経はあまりにも数と種類の幅が広いので、好きなお経が選べるという贅沢なことができます。最初はもちろん『般若心経』ばかり上げていましたが、人を救うというよりも救われたいという思いがあると、合ってくるのが『観音経』なんですね。

日本にも長崎の五島のようにキリスト教が伝わったところがありますし、先日参加した、あるキリスト研究会でテーマになったのは遠藤周作の『侍』でした。日本の使節団が初めてローマ教皇に謁見するときの様子を描いた小説です。そういうことを考えると、日本の隠れキリシタンの人たちはマリア様の前に、代わりに観音様を置きましたけれど、観音様とマリア様はどこかで重なるのではないかと思います。

『観音経』を私は中飛ばしで読んでいます。『観音経』には「念彼《ねんぴ》観音力《かんのんりき》」の句が十三回繰り返されますが、ここを飛ばして後ろにいく、そして後も切って「是故応頂礼《ぜこおうちょうらい》」で終わっています。この部分だけが私が注目したいところで、この後にどうするかというと、『般若心経』の真ん中からつなげるのです。このように、私はお経を適当に切り刻んで遊んでいます。好きなお経の好きなところをくっつけては自分流にゆっくり読むことをしています。

もう少し説明しますと、私は『観音経』の「人は困ったときどうすればいいのか」というフレーズ（「衆生被困厄《しゅじょうひこんやく》」）から始めます。普通は「世尊妙相具《せそんみょうそうぐ》」から入るのですが、私は途中の「念彼観音力」も飛ばして「衆生被困厄」から始めています。

そこからの意味は、「衆生が困難に出会ったとき、無量の苦しみを受けたとき、観音の妙なる力が発揮され、良く世間の苦をのぞく。神通力によって広い方便を用いてそれを智慧として測りしれない領域から身を現して救う。諸々のところ、地獄などの苦しみや老いたり病んだり死んだりするという苦しみも取り去ってくれる。

それはとても清い考え方であって、広い考え方であって、智慧のある考え方であって、慈しみのある考え方であって、同情心のある考え方である。こういう観音様を常に仰いでいると、自分が無垢なる清浄の光に包まれる。その光はいずれ闇となっている自分に太陽の日のように照ってくる。それを待てばいい。いかなる災いや苦しみが来てもそれはやがて去っていき、日が照らされてくる。雷のような稲妻と、地震のような雲が湧き、そこから人を潤す雨が降る。その雨を浴びれば煩悩の苦しみは消えていく。妙なる音、海の波の音、この世にない音、そういう音があなたを包み、観世音という音になって、あらゆる苦悩を取り去ってくれる。そのようなものに礼拝する」となります。

ここでは観音様の姿が浮かんできますし、マリア様の姿も浮かんできます。そのときにはキリスト教とか、ブッダとか、神とかではなく、抽象的なものが思い浮かんできます。

「是故応頂礼」の後に、「爾時《にじ》　持地菩薩《じじぼさつ》　即従座起《そくじゅうざき》」とありますが、チベットのお経にはありません。そこからまた偈文《げもん》が続きます。ここからどうなるかというと、サンスクリット語の経文にも阿弥陀様が出てきます。阿弥陀様というのは極楽浄土におられる仏様ですが、やはり大いなるものが登場するのです。

そこで観音様が、自分も阿弥陀様のような仏になりたいと誓いをたてられます。それが原本のお経になります。

そこから私は『般若心経』の後半「心無罣礙《しんむけいげ》」に飛ぶのですが、そこからの意味は次のようなものです。心に懸念がないと何の差し障りもなく恐怖もない。動揺することもなく、夢を見ているような涅槃の状態になる。これはあらゆるものが習得するに値する智慧である。その智慧を得るまでに悟る。この智慧というのは真言であり、お題目であり、念仏である、それは一切の苦をよく除く。それは嘘ではなく本当であって、それが智慧というものである。

「ぎゃていぎゃていはらぎゃてい」というのは、そう思った瞬間に極楽に到達して何の苦しみもあなたにはないのですよ。足元を見ればそこは極楽の一角ですよ、というふうに捉えています。その後、お経はチベット語に変わります。お経というよりは偈《げ》ですね。それは先に紹介した詩「あしあと」のようなものです。

バッハが大好きだったサイモン

鈴木秀子

私の生涯の友となった韓国の方がいます。その人はずっとワシントンに住んでいたのですが、ある日、突然亡くなられたという電話がありました。日本にも度々訪れていて、私は彼をサイモンと呼んでいました。私は彼ととても親しくしていて、ワシントンの彼の家に何度も行き、また二年前には三週間近くその家に泊めてもらいました。どうしてそんなに親しくなったか。

サイモンの奥さんになったマリーのお父さんは、韓国で初めて民間のテレビ局を設立した大きな財閥の方でした。日本でいうキー局のような大きなテレビ局ですが、サイモンはそこでいろんな人を紹介する番組を作っていました。彼の専門は音楽で、そのなかでもっとも好きなのはバッハでした。

ある日、サイモンはお昼休みに、テレビ局の前で道路に座り込んでギターを爪弾《つまび》きながら歌っている青年を見かけました。そしてその歌に心惹かれて、自分について上がってきてほしいと彼をテレビ局に連れて入り、そこでギターを弾きながら歌う彼をそのまま生で流しました。そうしたらものすごく大きな反響があり、彼は一躍有名になりました。

最初に歌った歌が、朝は日が上るけれど、夕方には日は沈んでいく。そして暗闇になっていくというような歌でした。そのとき韓国は厳しい軍事政権の時代でしたから学生運動も盛んで、その歌が学生たちをつなぐ歌になったのです。そうしたら政府はこの歌は自分たちのことを歌っている、今は輝いているけれど、すぐしぼんでいく自分たちのことを歌っているんだと言って、その放送局を潰そうとしました。

でも、放送局に問題があるのではなく、誰があの音楽家を起用したのかということになったときに、サイモンが見出してその歌を放送させたのだということがわかりました。その音楽家はすぐ牢につながれてしまい、サイモンもそのまま韓国にいたら危険な状況になりました。そのときは財閥のお嬢さんのマリーとすでに結婚していたので、財産を密かに処分したり教会に寄付したりして、三日後には妹さんのいるワシントンへ行きました。妹さんのご主人はお医者さんでしたから、その人を頼ってワシントンに彼らは逃れたのです。それでサイモンは刑務所に入らないですみました。

サイモンの奥さんは稀に見るほど才能のある洋服のデザイナーでした。ワシントンというところはアメリカの政治の街でしたから、外交官夫人は他の人と同じ洋服は着られず、一人一人が自分のデザインした洋服を着ていましたから、マリーはすぐに見出されて、いろんな国の外交官夫人の洋服を頼まれて作るようになりました。

そしてサイモンは何をしたかというと、目立つ仕事をすればアメリカでも危ないので、奥さんのマリーの手足となって、マリーの運転手をしたりしていました。マリーがデザインをしていたり、仮縫いをしたりしているときは、彼は朝から晩までバッハを聴いていました。大好きなバッハを聴きながらロザリオを繰り、同じ言葉を繰り返して懸命に祈っていました。

そのサイモンがある日、私のところに連絡してきました。というのは、彼らはあるときワシントンからニューヨークに出かけたのですが、そこには日本の本を売っている紀伊國屋書店があります。サイモンは八十歳でしたから日本の教育を受けていて、日本語が大好きでずっと日本語を勉強していました。だから韓国人の中では優れた日本通であり、日本語は日本人よりていねいな言葉を使い、文学的表現もできるような人でした。

それで紀伊國屋書店で一冊の本を買い、帰りの汽車の中でそれを読み出したら、声を上げて泣き出したのです。奥さんのマリーはびっくりして止めたのですが、彼は泣き続けて家に帰りました。その本はたまたま私の本でした。そうしたら奥さんが、あなたがそれほど心を動かされた本ならば、それを韓国語に訳したらいいじゃないのと提案したのです。

それでサイモンはその本を訳そうとして、私のところに許可を求めるために電話をしてきたのでした。それが私たちが知り合うきっかけになりました。それ以来、私の本は百六十冊近く出ているのですが、たった一つ阪神淡路大震災の記録を書いた本を除いて、あとは全部彼が韓国語に訳し続け、それから後を継いだ人が訳し続けて、今も訳されています。ですから、韓国には私の名前を知っている人はたくさんいます。

サイモンのその音楽家の青年との出会いは、私の本にも書かれていますが、サイモンはそれ以来、ワシントンで人に会うこともなく朝から晩までバッハを聴いてロザリオを繰って過ごしていました。どうしてかというと今とは違って、当時の韓国では戦争が終わっても軍事政権下で多くの人を迫害していたからです。そういう中で苦しい思いをしている人たちがたくさんいる、その人たちのために彼は心安らかに、少しでも自由な考えが持てるようにと祈り続けていたのです。

私はバッハの音楽を聴くたびに、天国に行ったサイモンは今は安らかだと思いますが、このバッハの音楽を聴く時間をサイモンの御許に捧げようと思いながら聴いています。

音楽が与えるもの

野口法蔵

観音というくらいですから、耳（聴覚）というのは人間に最後まで残る感覚器官だと言われています。意識がなくなった後も聞こえているとも言われます。それで亡くなった人の耳元でお祈りし、お経を唱えるということは、とくにインドやチベットでは行われているわけですね。体はもう冷たくなっているにもかかわらず、耳元でその人に語りかけていくのですが、なんで音なのかなと思います。

昔、日本で最初に音楽留学した人が向こうの先生についたときに、キリスト教徒かと聞かれて違うと答えたら、キリスト教徒でない者にバッハがなぜわかるのかと言われたというのです。そして、そこから日本のクラシックの歴史が始まります。

私が仏教に目覚めたのはインドでありチベットでした。今は日本の僧籍にあるのですが、日本に帰ってきて、いろいろな修行をした「これぞ」という人に会うために全国を歩きました。若かったせいもあって、若かった白隠のように対決姿勢でいくわけです。頑固者の老師とか大行者とかに、力比べというふうに思って対抗意識で回ったのです。それは若い者の特権ですが、それで誰かの下につくならつこうと思ったのですが、ものすごいパワーを感じる人はいませんでした。パワーはあっても、私が圧倒されるくらいのものを求めたら、それはなかったのです。

けれど、そのときに変わった人に会いました。平野宗浄《ひらのそうじょう》、その人を師として、私は今臨済宗にあるのです。その人はのちに松島の瑞巌寺というところの師家《しけ》になるのですが、当時、琵琶湖の堅田《かただ》の一休禅師がいたお寺、祥瑞寺の住職になっていました。一休さんの研究家としては名高い方ですが、子供用の漫画ばかりを読んでいるような人でした。

師の著書にも出てきますが、一休さんは堅田のお寺にいた十代の頃、内職したものを山を越えて京都に売りに行って帰ってくると夜中になるので、琵琶湖に止めた船の上で坐禅をしたのだそうです。そのときに船がゆらゆらと揺れます。琵琶湖ですからそんなに波は立ちませんが、そこでカラスがバーッと飛び立っていくのですね。そのカラスが真っ白に見えたということで、カラスほど白いものはいないと言って最初の悟りを得たといわれています。

私の師は昔インドに行っていたこともあるのですが、祥瑞寺におられたときに、私はのちに師となるその人を訪ねました。ぜんぜん老師らしくないというか、力も何も誇示してこないのです。暖簾を押すように手応えがない。ただ坐禅が好きで、ずっと坐禅をされるのです。

禅堂というところは、みんな我慢比べのように寝ないで競争のようにして坐禅をするのですが、競っても、競っても、眠いのに、足が痛いのに、それに対抗してやっているだけなので、誰かが脱落していくのですね。そして最後に残った者がいちばんだという感じになるのですが、好きな人がやっていると勝てません。ずっと眠気も来ないし、楽しいという感じで坐禅をしているわけです。

苦しみがぜんぜんないのも悟りにはいかないと言います。修行のひとつに、公案《こうあん》という千何百ものなぞなぞがあるのです。その人が老師になるための修行の十年目くらいのときに課された最後の公案が、なかなか通らないのです。周りの人がよしとしないのです。それでよくないことですが、もう駄目かなと思って夜中に禅堂を抜けて喫茶店に行って珈琲を飲んだのです。そうしたらそこにモーツァルトが流れていて、そのモーツァルトを聞いた途端、その人は悟ったのです。それは何なのでしょう。

それ以来、その人は老師なのに漫画本しか読まないのです。難しい講話の本があるのですが、愛読書は『ジャスパーとお化け屋敷』で、それを見てこんなにためになるものはないと笑っているような人でした。私はこういう人に初めて会ったのです。そしてこれは勝てないと思った。唯一、勝てないと踏んだ人だったので、その人の弟子になって、それ以来、私は臨済宗です。

音楽というのは、音というのは、何か人間を目覚めさせるというか、最後に脳に届かせるものがあるのだなと感じます。お経もそうですが、自分で声に出して唱えていると、自分の体が聞いているのですね。自分に聞かせるために音を作るというのもいいのかなと思いました。

助け合う韓国人コミュニティ

…………鈴木秀子

サイモンは、それから亡くなるまでワシントンでずっと過ごしていました。韓国という国はベトナム戦争に協力しましたから、その返礼として韓国籍の人はアメリカの国籍をもらい、アメリカに移り住むことができました。アメリカの市民になれたのです。だから労働者だけでなく知識階級の人たちもアメリカで活躍することができました。また韓国は家族主義がとても強いですから、家族を呼び寄せてひとつのグループを作り、ワシントンのある高級住宅街にはそうした成功した韓国の人たちが住んでいます。

その中にサイモンの友達だったフランシスコという人がいて、私がアメリカに行くと、いつも彼が車を出してくれました。彼は労働者としてアメリカに渡って、小さなスーパーで働き、そして今は高級住宅街の大きな家に住んでいます。スーパーで働くだけではとても生活が間に合わなかったので、車の中で仮眠して三つの仕事を掛け持ちしていました。とてもいい人ですから人望もありました。ある日、フランシスコが勤めるスーパーに銃を持った強盗が入ってきて、韓国の若者が捕らえられました。するとフランシスコがその若者を庇おうとしたので、強盗は持っていたナイフでフランシスコの腕を刺しましたが、彼は怯みませんでした。強盗は若者を解放して逃げていきました。

その後、私がアメリカに行ったときに韓国の人が私のところに来て言いました。あのフランシスコががんで、腹水が溜まって来週の月曜日に入院することになっているというのです。お医者さんはもう見込みはないと言っているそうですが、フランシスコは私たちの希望の星だから是非とも助けてほしいので、こちらに来て一緒にお祈りをしてくださいと頼まれました。

フランシスコの家に行くとそれはそれは立派な家でした。そこには韓国の人もアメリカの人も集まっていましたが、どうしてそんなにフランシスコがたくさんの人から慕われているのかと思ったときに、その理由がわかりました。自分は奥さんと二人とても小さな部屋に住んでいて、いちばん大きな部屋はみんなが集まる場所にしていました。韓国から移民として来た人たちは、自分たちはこの社会の下積みだと思っていますが、そうじゃなくて一生懸命働いてそれを積み重ねていけばこんな生活もできるんだと、フランシスコはみんなに希望を持たせるためにこの家を建てたというのです。辛い思いをしているときにはみんなこの家に集まって一緒に語り合い、励まし合っていけば、みんな希望を失うことなくアメリカでも生活できるんだと彼は考えていました。

ですからフランシスコが病気になったと聞けば、「今フランシスコに死んでもらっては私たちが困ります。フランシスコは私たちの希望の星です、私たちのよりどころです」と、韓国の年老いた人も若い人もみんなそう言いました。ですからみんなで一緒に祈りました。

彼のお腹はパンパンに腫れていて翌週には入院することになっていましたが、私は日本に帰ってきました。しばらくしたら、フランシスコが全快して家に帰ってきたという連絡が入りました。私が再びアメリカに行くと、フランシスコは元気そのものになって働いていました。そして自分が生かされたのは、希望を失うことなくみんなと一緒に生きることが大きな喜びであるということ、そして自分がどんなにたくさんの人に助けられているか、それを明かすためにもう一度生かされているんだと、話していました。

韓国からアメリカに行って大成功した人たちにはたくさんの物語がありますが、その人たちがフランシスコの家に集まっていろんな話をします。そしてもっとも苦しいときに必ず話すことは、人智を超えた計らいがあること、それによって人のために何かができるという喜びを味わっているということです。フランシスコは自分のことはさておいて一生懸命に働き、大きな家を持てるようになった今も、自分のスーパーでは掃除もします。これが昔とった杵柄だと言いながら、下積みの仕事を喜んでしています。そのスーパーは、今では日本の紀ノ国屋のような大きなスーパーになっています。

その人たちと一緒に私はヨーロッパのクルーズに行ったことがあります。アメリカの豪華な客船に乗ると、絢爛たるダンスパーティーのようなものをはじめいろんな社交の場があります。フランシスコはそうした中で、いちばん船底の何も見えない部屋をとりますが、そこにいると船酔いをしますから、いつもは甲板で過ごしていました。そこへいろんな人が寄ってきて話すのを、彼はじっと楽しそうに聞いていました。

奇跡を起こす祈りとは

野口法蔵

回復の見込みがないという病状から復活するというのはどういうことなのか。お祈りに本当に力があるとすれば、それをどのように説明することができるでしょうか。

私も修行しているので、病気になったからお祈り（ご祈禱《きとう》）をしてくれと言われます。つい昨日も、うちに訪ねて来られたある人が、その人は普通の人ですが神通力があって、お坊さんたちから先生と呼ばれているような方なんですが、ご自分ががんになられたのです。つい最近まで元気だったのが、もう転移もしているという話で、私にお祈りしてくれというのです。

そういうときに本気でお祈りをやると怖いのですね。前にもそういうことがありました。肺がんの人のお祈りをしたら、私の肺が病んでしまったことがあります。お葬式もお坊さんなのでたまに頼まれますが、本当はしたくないのですね。これはチベット仏教の考えもあるのですが、本気でその人のために四十九日間、輪廻転生を生まれ変わるまで毎日やったら、この身が持ちません。どうして他のお坊さんはその身を保ちながらそれができるのかわかりません。そういう課題が私の中でいまだに解決しません。拝んでくれと言われるのを嫌ですとはなかなか言えません。また、できませんともなかなか言えないのです。私はまだまだそんなものではありませんという謙遜もし難い。ではどうやってお祈りをすれば良いでしょう。今のところは、行中《ぎょうちゅう》にその人の名前を幾度も読んで祈願するということをしています。

祈りは願い

鈴木秀子

もし、誰かのところに行ってお祈りしてもらって望みが全部叶うとしたら、誰だって、私だって、行って頼みたいですよ。そんないいことないじゃありませんか。ある人のところに行って、あの人はすごい霊能力があるからといって、思い通りになるなんてことは、たまにはあるかもしれませんが、いつもそうなるとは考えられません。自分の思い通りになることはうれしいものです。私たちはそれを願うのですが、往々にしてその通りにならないことがたくさんあります。

聖書の中に、「いろんな苦しみなども願う必要はない。今日の禄は今日一日で食べる」というのがありますが、今日一日のことを我慢すれば、それでいいのです。我に七難八苦を与えたまえと祈った山中鹿之介のように、苦しみを乗り越えて自分を鍛えようとする必要はないんだと思います。

私が祈るときは、病気だと聞けば早く治って全快してほしいと祈ります。でもそれは私が祈ったら治るからというわけではありません。たまには神様に聞いていただけることもあるかもしれませんが、そうならないことも多いことをよく知っています。

私たちの祈りは、自分の願いをまず述べるということです。キリストはパンをほしいと言った人になかなか与えなかった。そうしたらその人がここに来る犬にさえパン屑を与えるのに、どうして私たちに与えてくださらないのですかと聞くと、「願いなさい、願い続ければ与えられる」と答えていますが、私たちはそういうふうに一生懸命願いながらも、同時に自分の欲得に基づく願いではなく、本当にその人にとっていちばんいいことが起こりますようにと祈ります。

今、私たちの目には最悪と見えるかもしれないけれど、長い時間の中でその状況がその人にとっていちばんよくなりますように、この苦しみやいろんなものがその人にいい実りになっていくように、すべてを計らいの中でいちばんよくしてくださいと祈るわけですね。やはり自分の欲得から自分の気持ちを解き放ち、あとはもうお預けしてよくなるならそれを感謝し、よくならないならまた祈り続け、忍耐をもって病気を乗り越えていく。

そして病気の人を支え続けるということが、祈りに続く行為だと思います。だからお任せしながら、同時にその人の辛さをともに味わっていく、その人の苦しみや辛さに寄り添っていくというのが大事ではないかと思います。

そういう意味で、自分が望むことを願うことも大切ですが、それ以上に自分の人智を超える大いなる計らい、私たちの人生、あるいは日々の過ごし方などを全部知っていてくださる方は、自分にとって何がいちばんいいかということもわかっていてくださるので、その方に委ねるということが大事だと思うのです。

ある青年が怪我をして足が片方なくなってしまいました。そうしたら足を取り戻してくださいと祈ったのですが、カトリックのなかでいちばん大事な祈りに、自分の意思ではなく「神よ、あなたの御旨《みむね》が行われますように。それがいちばんいいことですから」という祈りがあります。それまで足を取り戻してくださいと祈っていた青年に、自分の意思ではなく、あなた（神様）の御旨が行われますようにというところを繰り返して言いなさいと言ったのですが、彼は神様の御旨のところを自分の意思に入れ替えて、繰り返し祈っていました。何回かそのことを繰り返しながら、はっと気がついたのですね。そして、ついに自分のわがままな望みではなく、自分にとっていちばんいいと思ってくださることをしてくださいと祈るようになったのです。

そばにいた神父様が、あなたは足を失うような大変な体験をしたけれども、足にまさる素晴らしいものを与えられたと言ったのです。そうしたらその青年は涙を流して「わかります」と言いました。それ以来、足のない辛い生活ですけれど非常に明るく、その人のところに行くと何か希望が湧くような生き方をするようになりました。視点を変えることのできる人間の素晴らしさというのは、その人だけにとどまらず、また他の人にも大きな影響を与えていくわけです。

私たちは、たとえ何か間違えた行動をしたとしても、その人の生かされている、神様から与えられた命の尊さは一秒たりとも崩れないのです。その人自身は尊いのです。ただ行動の仕方、考え方、それが間違っていたのです。あなたの尊さは一分の狂いもなく尊いのです。ただその尊さが発揮できないような行動とか考え方、それをちょっとずつ変えていくときに、私たちは豊かな人生を生きられるのではないかと思います。

第4章

死に臨んでできること

子供の頃に歌っていた歌を最後に歌う

鈴木秀子

私たちは死期が近づいたときにも、本当に最後まで音は聞こえると言います。私も臨終の人のところへよく行きます。お医者さんがもうこれ以上何もできません、ご家族でそばで見守ってあげてくださいというときは、家族の方が辛くてたまりません。何をしたらいいでしょうかと聞かれたとき、「お母さんが、あなたたちが子供の頃に一緒に歌ってくれた童謡を一緒に歌うといいですよ」と私は言います。

亡くなっていく人は、力が尽きそうなときでも自分が幼い頃のことをよく覚えているんですね。だから、昔おばあさんがよく歌ってくれた歌、あるいはお母さんが子供の頃によく歌った歌を一緒に歌い続けると、亡くなっていくなかで心が和むということを私は何回も体験しています。

関西で亡くなった知人がいます。その方は認知症になって何もわからなかったのですが、最期が来たときに、あなたが好きだった歌は何だったでしょうかと聞くと、新橋から汽車が出ていく歌、『鉄道唱歌』がありますが、その歌だけは覚えていたのです。それを八番まで歌い続けて亡くなりました。それまで何もわからなくなっていたので、周りにいた子供たちにとっては、それがものすごい慰めだったのですね。

ですから「死なないで」とか言わないで、「みんな仲良くするから安心していてね」と言って、お母さんのもとで子供たちが一緒に歌うというようなことが、この世を去っていく人にとってはいちばん大きな慰めになり、それが大きな祈りになるのではないかと思います。

人は深いところでみんなつながっている

鈴木秀子

私が大変親しくさせていただいた上智大学名誉教授の渡部昇一先生がお亡くなりになったとき、日本の国のために優れた提案をなさっていましたので、葬儀にはときの安倍首相を初め閣僚がほとんど参列されました。

最後の頃には、がんが胸に転移してひじょうな苦しみでした。お医者さんとご家族は、少しでも楽になるようにとモルヒネを使うことにしました。そうしたら渡部先生は頭が朦朧とするからモルヒネはもう使わない、どんなに苦しくてもその苦しみは耐え抜くとおっしゃいました。そして、戦時中に母親がお百度踏みをして子の安全を祈願したように、人間というのは誰かのために何かすることがいちばん幸せだということをおっしゃいました。

痛みに耐えることが生きることであり、声も出ないくらいでしたが、それでもおっしゃったことは「ありがとう」という言葉で、それを朝から晩まで繰り返していらっしゃいました。

痛いですかと聞けばもちろん痛い、それ以外はありがとう、ありがとうと病室に顔を見せるご家族やみなさんに言っていらっしゃいました。

そして最後に私が伺ったときにおっしゃったのは、もう西洋医学も役に立たなくなる、東洋医学も役に立たなくなる、医学が自分の体に何もできなくなったときに何が残るかといえば祈りだけだ。そしてその苦しみの辛さを、世の中で祈りを捧げてもらえない人たちのために自分は捧げると言っていらっしゃいました。それは見事な亡くなり方でした。

ご家族の方にとっては最後の最後まで苦しい時間でしたが、人のためにその苦しみを捧げることができることを「ありがとう」と言い続けた先生のお姿は本当に素晴らしく、ひとつの生き方を示してくださいました。

亡くなる二日ほど前に私が行ったときに、「今まで教会の中で教えている「諸聖人の通功」という言葉があるけれど、その意味は人類は深いところでみんなつながっているから、一人でもいいことをすれば全員に回るんだと習った。それがどういう意味かわからなかったが、自分はこんな苦しみを味わっているが、それを世の中で辛い思いを味わっている人のために捧げることができる。自分がこの苦しみを背負うことで、誰かがちょっとでもその人たちの苦しみの身代わりになってあげることができる。それが深いところで人類はつながっているから、自分がどこの誰の身代わりになってあげているのかはわからないけれど、そういうことが本当にあるんだということを死ぬ前に実感できた、それが大きな喜びだ」と話していらっしゃいました。

息子さんもそばで一緒に聞いていました。お母様が音楽家だったので彼も音楽家になられて、長野県松本市で小澤征爾さんのもとで毎年演奏を続けています。

いろいろな人たちが私たちの周りにはたくさんいて、自分の力を思いがけない方法で発揮されます。キツツキが穴を開けるように、誰もが他の人たちのために何かできる、素晴らしい能力を神様から与えられている存在ではないかということを改めて感じました。

死は眠りと同じ

鈴木秀子

私たちは死んだら絶対素晴らしいところに行きます。私は臨死体験をしていますからよくわかるのです。本当に素晴らしいところへ行くのです。眠るとき、今から眠りに入るというとき、私も自分で試してみるのですが、いつも知らないうちに眠っているのですね。死ぬときって、そういうふうに安らかに知らないうちにあの世に行くのでしょう。

死ぬということはある意味で幸せなことですから、死ぬことなんて考えないで、今日一日、今、命があること、それだけを考えていれば、死ぬときは死ぬのですから、別に今から心配する必要はないのではないでしょうか。

過去のことは神様に任せなさい。過去のことはくよくよ言わず、過去からはものごとを学ぶこと、そして今に役立てることです。

また、先のことで取り越し苦労しないことです。渡部昇一先生はあんなに苦しそうでも、最後には本当にいいお顔で息を引き取られました。私たちも病気は苦しかったら嫌かもしれませんが、今は医学も進んでいますから、緩和ケアもしてくれます。

だから死ぬ時がきたら、人生最後の締め括りで最高のときですから、知らないうちにスッと眠りに入るようにいきます。この瞬間から眠るなんてわかる人はいないように、誰も今死ぬんだとわかる人はいません。ですからそれはもう楽しみに待って、死んだ後は素晴らしい世界が待っているんだと考えればいいじゃないでしょうか。

胸に手を当て、天からの癒しを送る

鈴木秀子

私は気づけば、ぜんぜん知らない人たちからも呼ばれて病院を巡るようになりました。その人たちは、ほとんどがお医者さんからもう駄目だと言われた人たちで、私はもうあと何時間というような人のところに行くのです。講義や会議があったりして行けないこともあるのですが、呼ばれたときは原則、必ず行けるようにしているのです。

私は病室へ伺うと、初めて会う人の胸の上のところに手を置いて、天から癒しの力を送ります。そして息を吐きながら、この掌を通してその人に癒しの力、生きる力が伝わりますようにと祈るのです。それを祈り始めると、必ず三分か五分の間にその人はゆったりと眠ってしまうのです。眠っている間に天からいただいた癒しの力が働くと思うのです。

不思議と健康を取り戻すこともありますし、もちろん寿命で亡くなる方もありますけれど、その場合でもご家族ととてもいいお別れをなさいます。そして私が行って手を当てると眠りますから、その前に言っておくことはありませんかと、いつも聞くのです。

ほとんど知らない人なのに私は一体感を覚えて、まるでずっと昔から知っている人のように感じ、向こうもそう感じてくれるらしく、仲たがいをしている人がいるとその人と仲直りしたいと言い、そういうことがない人はまず家に帰りたいと言います。また、たいがい管《くだ》がつながっていますから、自分の口で食べたい、そして自分の足でお手洗いに行きたいとも言います。そしてやっぱり仲直りをしたいというのがいちばん大きな望みがあるときには、最後のときに仲良しになって死んでいきます。

私の大学の卒業生で、いつ死んでもおかしくない状態でしたが、何日も持ちこたえていた方がいました。これは何か心に引っかかっているなと思って、家族の方に、会いたいと思っている方はないでしょうかと聞いたら、会いたい人にはみんな会わせましたとおっしゃいます。

でも何か気がかりで、どうしても会いたい人がいるように感じられました。そのとき私の頭に「四時」と閃いたので、私はちょっと銀座を歩いて四時に帰りますから、もう一度考えておいてくださいと言いました。そして四時に帰ったら、その方のお嬢さんが待っていて、母は若いときにお姉さんと遺産問題で仲たがいをし、三十年来、行き来していないというのです。

お嬢さんは、死ぬ前に嫌な思いをさせたくないからお姉さんには黙って会わせないでおこうと思ったそうですが、私に「会わせたい人はいませんか」と言われたので、家族で相談して、それを私に話すことにされたのです。それを聞いた私は、そのお姉さんをすぐ呼んでください、私がそばにいるから大丈夫ですと言いました。

そうしたらお姉さんがすぐにタクシーで飛んできて、ドアが開いてお姉さんが姿を現した途端、病人が半身を起こして「お姉さん、ごめんなさい」と言い、そのお姉さんも「ごめんなさい、長い間」と、同時に言いました。そして二人で抱き合ってオンオン泣いて、「ごめんなさい、ずっとあなたのことを思い続けていたのよ」と両方で言い続けて、お姉さんに支えられて静かにベッドに横たわって、それから三十分後に安らかに息を引き取りました。

誰とでも仲良くして、深い絆で結ばれたい

鈴木秀子

　だから人間の本質の深いところでは、誰とでも仲良しで生きたい、大切にしあって深い絆で結ばれて生きていきたい――それが本当の人間の思いだと思います。次に、家に帰りたいと言います。家に帰りたいというのは、家族と一緒にいたいということだと思います。人類の歴史が何億年続いて来て、また何億年続くかわからない、その中で世界中に今七十七億人いるといいますが、百年後に生まれていたら今ここに知る人が誰もいないのです。それなのに同じ時代に時を同じくして、この広い世界の中で日本という国に生まれ、同じ言葉を共有しています。しかも、この日本の中の一億人の人の中でいちばん親しい人が家族ではありませんか。

　喧嘩しても何しても死ぬときになって、いちばん大切で本当に縁があって良かったと思うのは家族なんです。だから家に帰って、家で過ごしたようにお礼を言って、家族の一人一人

に大事な人だということを心から伝えて、お礼を言って死にたい。

家に帰りたい、自分の口でものを食べたいというのは何を意味しているかというと、一人の人間として尊厳を持って死にたい、最後まで自分を保って死にたいという気持ちだろうと思います。だから私たち一人一人はみんなかけがえのない人間という大きな命につながる、命に生かされているものであり、一人一人個性があって素晴らしいかけがえのない人が、その良さをお互いに発揮し合って、助け合って生きていくということが生きる意味だろうと思うのです。私は死んでいく人のところに行くときにいつもそういう思いで、亡くなった人のところから帰るときにもそういう思いになります。

あるときに私の親しい友人が亡くなりました。息を引き取るのを看取った後、帰るときに私は新宿の駅を通ったのですね。そうしたら同行していたアメリカ人の友人が新宿の駅を見て、「この駅は蟻塚《ありづか》をひっくり返したようだ」と言ったのです。たくさんの人が右往左往しています。

私はその友人を見送った後で、その駅の中で本当に深い感動で立ち尽くしていました。どの人も生きているわけです。どの人も命があって動いている。なんて素晴らしいことかと思いました。あの亡くなった友人は大切な人だったのに、どんなお医者さんも命を与えることはできない。親でさえも命を与えることができない。一生懸命私が祈っても命を創り出すことはできない。本当に生きている人間は、一瞬、一瞬人間を超える大いなる存在から、あなたを愛していますよと愛の分かち合いとして命を与えてもらっています。

聖書の中に、神は愛そのものだから愛を分かち合うために一人一人を創られ、今一瞬ごとにその人に命を与えている、そして神は自分が創って自分が愛し抜いている一人一人を良しと見たもうと書いています。その人がどんな悪いことをしようが、神様には絶対に大切な一人一人だから自分自身を大切にして、人も大切にするということが大事ではないかといつも私は考えています。

死を迎えている人との一体感

鈴木秀子

一人一人が死を迎えているとき、一人一人の死はみんな違います。私があるとき病院に行ったとき、お母さんがもう百歳近くて、八十の息子さんがそばにいたのです。そうしたらお母さんが「苦しい、苦しい」と言っているのです。息子さんが母さん苦しいかと、一生懸命慰めようとしている。そこで私が「母さん、苦しいか」ではなく、「母さん、苦しいよね」と言い換えてみたらどうですかと言いました。それでお母さんが「苦しい」と言ったら、「母さん、苦しいよね」と、それを十回くらい繰り返したら、とても静かに安らかになられて、苦しいと言わなくなりました。

私はその場に居合わせて、その場で何かをするとかいうのじゃなくて、死を迎えようとする立場になって、一体感を味わって、ただそばに一緒にいて思いを汲み取り、そしてもし願いがあるならばそれを聞くのです。死が確かに迫っている人は、ただ自分が未知の世界に行くかもしれない、先がわからないわけですね。孤独感を抱いているかもしれない。でもすぐそばで誰かが自分と一体となって共に息遣いや、呼吸をしてくれる人がいたら、その孤独感が癒えます。

目も見えなくなり意識も朦朧としていますから、「ご家族もいらっしゃいますよ、お子さんも誰々がそばにいますよ、みんな一緒にここに集まっていますよ」ということを私はよく言います。

そこに至る前の段階で、もう医師も手を尽くし、あとは時間の問題だという時は、安らかにお互いの心を通わせるのがいいので、小さい子供たちがいたら、お母さんは自分が小さいときにこんなにしてくれたという楽しい子供の頃の思い出を話すのがいいでしょう。そして年取った人も昔のことは覚えていますので、お父さん、お母さんがこんなにもよくしてくれた、あの頃は兄弟で楽しかったと話をすると、とても生き生きとしてきます。そしてみんなで一緒に呼吸をします。

それでもまだ息を引き取らず、話すこともなくなった場合は、小さいときに歌った童謡をみんなで歌うと亡くなって行く人は安心して、自分は一人じゃないんだと思います。「お母さん逝かないで。頑張って、頑張ってとお医者さんも言っていたよ」と言うのがいいように思いますが、アメリカで私がこういう勉強をしたときに、死が近づいてきたときに、子供や周りの人がかけるいちばんいい言葉は、"you may go"（あなたは逝っていいですよ）という言葉だと言われました。「もう楽になっていいですよ。これからも私たちはこれまで言われたように努力しながら仲良く生きていきますから、安心していてください」というのがいちばんいいと言っていますし、私もそう思います。そんなことを体験上学んでいます。

医者として死ぬ人は誰もいない

鈴木秀子

お医者さんは最後まで生かすのが義務ですから、一分でも命を長らえるよう、生かそうとするわけですね。でもお医者さんも一人の人間です。お医者さんの学会が札幌の教育会館であったときに、今は亡くなった芥川賞作家の重兼芳子さんと基調講演をしました。

重兼芳子さんが先に立派な話をされて、続いて私が話したのですが、「ここに全国から集まりになったお医者さんばかりいらっしゃいますが、ここのお一人お一人、医者として死ぬ人は一人もいません。人間として死ぬんですよね」と言いましたら、会場の雰囲気がガラリと変わったのですね。

そうしてお医者さんは、自分の患者さんを生かすことが成功だと思いますが、一人一人の人生の卒業式、いちばん大切な最後の瞬間に立ち会って、その人を見送ってあげること、これがいちばん医療の中でももっとも大きな人間として果たせる、医者としても誇りを持てる務めではないかと思うと言いました。

だから最期の時には、お医者さんもそばにいてあげて、温かい雰囲気で家族の方たちをサポートし、そして病人を見守ってさしあげれば、それが病人にとってはいちばん大きな治療になります。そして土壇場に来た時は、あの世に送り出してあげ、最後の脈をとったり、死亡診断書を書いてあげ、「あなたの人生はあなたらしく立派に生きました。これからはあの素晴らしい世界で安らかに憩ってください」という橋渡しをするのがお医者さんの大きな使命の一つだと思います。

お医者さんの使命は人を助けることも大きなことですが、同時に、人生を終わろうとするその人の最終の瞬間に温かい思いで立ち会う、その人の人生の締め括りも一緒にしてあげることも大きなことではないでしょうか。

医者の心ない言葉

野口法蔵

私たちが普通に治る病気でお医者さんにかかり、失望するような言葉をかけられてがっかりすることがありますが、重い病気で診察に行ったときに、「もうすぐ死ぬ」と言わんばかりの言葉をかける医者もいます。もしくはあなたの病気はもう治りません、治った例もありませんと言い放ってしまうのです。私は知り合いの医者にはそれは言わないようにと言います。それから言葉遣いに気をつけてほしいと言います。

訴訟の問題もありますけれど、言葉遣い次第で患者さんは怒りますから、まずはいい先生だと思ってもらわなければなりませんので、言葉遣いはタメ口《ぐち》はきかない、乱暴な口はきかない、ていねいな話し方をするようにと言います。もし開業したら、そんな口をきいていたら誰も来なくなります。開業した途端いい先生になろうとしても、それはできません。それから嘘を言ってはいけませんが、「大丈夫ですよ」という言葉をどこかに入れてほしい。

大丈夫ではないという状態でも、大丈夫ですよという言葉を聞くと、生きる気力も免疫力もすべてが上がるわけです。何が大丈夫かなんていうことは言わなくてもいいですし、大丈夫だと言ったのに死んだからと訴訟になることはありません。

そういうふうに問診の仕方から考えてほしいのです。高飛車にやると、患者さんの言いたいことが言えない問診になります。たとえ五分程度の問診だとしても、五分の間でその人が何が心配なのか、ちゃんと聞き出すテクニック的なことも含めて、何年か前からそういうことを悶々としながら伝えたりもしてきました。

お医者さんには医学だけを究めるのではなくて、哲学や心理学もやっていただきたいと思います。そういうことを勉強しようとする人がシスターを講演に呼ぶのだと思います。私もたまに呼ばれることがありますが、大抵演題がすでに決まっていて、お坊さんが呼ばれる時は末期のことばかりです。

私は断食の方をやっていますから末期というよりは治っていく方法を目指したいと思っているのですが、求められるテーマはいつも「患者さんに死んだらどこへいくのかと問われたらなんと答えるか」。本当は答えなんかないのです。病院では、患者さんからそう聞かれたら、あなたはどう思いますかと問い返す。そして患者が何か言ったら、そうですねと言って、現場を離れる。それ以上触れるなというマニュアルができています。

そのような対応をされたら、患者も虚しいでしょう。患者さんからの質問は、お医者さんがどういう考えを持っているのか、どんな人間なのかと聞いているのと同じなので、そこで自分の人生観、哲学を短い時間で語れるようになってほしいと思います。

患者さんの名前を呼んでください

鈴木秀子

今のお医者さんは本当に忙しすぎて、ストレスがいっぱいです。だから無理もないところもある。それから何かあると訴訟問題もあり、身を守らなければならない。たとえばあと六カ月は大丈夫でしょうというときに、家族から訴えられると困るからあと三カ月は大丈夫と言うというのです。悪く悪く言うのですね。それ以上生き延びた場合は、いいお医者さんだったからと言われます。

でも予想通りだったり、早くなったりすると、先生はそう言ったのに、こんなに早かったのは治療が悪かったのではないか、となることもあります。お医者さんも人間ですから身を守る必要はありますが、やっぱりたくさん勉強もし、いろいろな経験も積んでいるのですから、人間を大切にすることを忘れないでほしい。そして、平等に接してほしい。

たとえば私が親しくしているお医者さんがいますが、一緒に食事をしたり話をしたりする時は友達のようなのですが、病院に行ったらその先生は偉い院長先生ですから、白衣を着て若いお医者さんを引き連れて歩いていらっしゃる。そういうところを見ると、もう近寄り難く、本当に神様のように見えます。自分が病気でこの先生に会いに行ったら、この先生は神様だと思うと思います。

病気のときはお医者さんの一言にものすごく影響を受けますね。だからお医者さんはできるだけ人間として平等の立場にいて、なるべく患者さんの名前で呼んで、本当に患者さんが信頼するために、名前を繰り返し呼んでいただきたいと思います。診察室に入っていったときに、「いかがですか、○○さん」、出ていく時も、「お大事に、○○さん」と言ってくれたら、先生は親身になって自分を見てくださっているんだと思います。

私もたくさんのお医者さんを知っていますが、何か希望につながるようなことを言ってくれたら、本当に人間というのはエネルギーが湧いてきます。私たちが普通に生活をしていても、素晴らしい人に会ったり、温かい人に触れたりすると、エネルギーが湧いてくるじゃありませんか。まして病人はエネルギーが少なくなっている時ですので、自分を大切にしてくれる温かい感じが伝わってきたら、気力につながりますから、お医者さんの一言は本当に魔法のようだと思うのですね。

お医者さんには、そういう訓練を重ねてその崇高な使命、ただ命を長らえさせるだけでなく、人間同士のつながりとして働かれる大きな使命があると思います。

第5章

自分との対話

農業を通じて幸せになる……野口法蔵

インドに三千年前から伝わる次のようなことわざがあります。

体のことをやる時は、心のことを
心のことをやる時は、体のことを

やはり逆のことからアプローチするとよくわかるということがあります。たとえば、「生まれる」「生きる」ということを考える時には、「死」を考えるということです。それが理解へのいちばんのヒントになります。だから、心のことを考えるとすれば、体のことを、食べ物のことを、それからそれを生み出す農業のことを考えていかなければなりません。

私が農業のことを考えるとき、真っ先に思い出す出会いがあります。それは福岡正信という方との出会いです。かなり以前からの知り合いでしたが、私が興味を持ったのは福岡先生の農業というよりも、福岡先生の悟りでした。農業をすることによって悟れるのだと思いました。ですから、話し合うことも、技術的なことよりも神についてであるとか、そういう話題が多かったものでした。福岡先生の農業哲学が、これから「食べる」「生きる」を考える上で、すべての人に重要になってくるだろうと思いました。

福岡先生の影響で、日本国内でもさまざまな多くの人が有機農法、自然農法に取り組んでいます。川口由一さん、木村秋則さんに至るまで、連綿とその系譜は続いています。海外にもさらに多くのバリエーションを伴って広まっていますが、福岡先生の考え方は確実にその源のひとつになっているのだと思います。

最近、私は環境学者の辻信一さんと、共著で本を書かせていただきました。私がいちばん長くいたラダックという所と、辻さんが通い続けているブータン。このラダックとブータンという、インドの北西と、東に国境を接している国。この二つの地域に暮らす人たちが、世界でもっとも幸せ感を持っていると言われています。この人たちから、私たちは何を学ぶべきかを考えるという本でした。

ブータンへは私も何度か行きました。また、ラダックはその後スウェーデンのヘレナ・ノーバーグ＝ホッジさんが、書籍やドキュメンタリー映画『懐かしい未来』で紹介して知られるようになりました。

ブータンは幸せ度が世界一というのは有名です。何がブータンに幸せ感をもたらしているかというと、それは農業と仏教です。仏教はチベットなど他の地域にもありますが、違うのは農業への考え方です。そこで行われている農業は、ブータンで昔から行われていたものではありません。ブータンを幸せにした農業を広めたのは一人の日本人なのです。六十年前にブータンに渡り、三十年前に亡くなった西岡京治さんという植物学者です。

西岡さんはブータンで自給自足できる種を作るという取り組みを始め、これは「西岡プロジェクト」と名づけられて現在も続いています。ブータン中の種がこのプロジェクトでまかなわれており、他国からの種はブータンには一切入っていません。この種で作った農産物はとてもおいしく、たとえばジャガイモなどは高値でインドに輸出されています。

この西岡さんが亡くなる直前に、私はインドのカルカッタ（現コルカタ）で短い時間でしたがお会いしました。西岡さんは、最後にはブータンでダショー（大臣）を務めました。ブータンを幸せな国にした農業をもたらしたのが日本人だったということは、日本ではあまり知られていません。しかし、日本人の発想でやったことですから、この日本でもやれないことはないと思います。

この農業と仏教とが結び付いて、ブータンの有機農法が生まれました。良い食べ物を食べたいという人間のエゴから生まれたのではなく、土の中の生き物を殺さないために、農薬は使えないという発想がブータンの農業のスタートです。土の中にいる生き物や、葉につく虫たちのことも考える、そういう生き方をしている人たちの選んだ農法が有機農法なのです。

もうひとつ驚かされることは、ブータンはお洒落な国で、農作業をするときは野良着ではないのです。美しく着飾って畑に出るのです。そこに誇りがあり、芸術性が加わります。宮沢賢治が「農民芸術概論」で、農民は絵を描いたり音楽を奏でたりという農民芸術の創出に励むべきであると論じました。ブータンでは農業と芸術が近いところにあると言えます。農業は汚いものではなく、綺麗な格好で盛装してやるものなのです。女性もダンスとかお祭に行くのではないかと思われるような格好で、農作業に出かけていきます。畑では誰も見ていないし、見せるつもりでもなく、そういう格好で農業をやっているのです。

ブータンでは、たった一カ所の水力発電所で発電される電気をインドに売却することで国家予算がまかなわれています。国民は税金の負担がありません。畑にまく種は、欲しい種のリストを国に申請すれば国が提供してくれます。国民が幸せな気持ちで日々を暮らし、ゆっくりとした時間が流れて、日常に喧嘩もないという、そういう国がブータンでした。人口は七十万人くらいという小さな国だからこそ、このような国づくりができたのだと思います。

ブータンは緑豊かな国です。これが砂漠のような気候になると、農作物もあまりできなくなり、暮らしも一変します。それがインド北西部にあるラダックです。しかしラダックの人々も、ブータンと同じような幸せ感を持って暮らしています。それは人間の感じ方の問題で、風土に合わせた暮らし方のアレンジがされています。

農業の難しい土地であるため、ラダックの人たちはブータンの半分くらいの量の食べ物しか食べていません。非常に少食でありながら、人々が満足して暮らしているというのがこのラダックでした。寒さが厳しく、緑はほとんどない土地です。大麦を炒《い》った「香煎《こうせん》」と、ヤクという家畜の乳で作ったバターと、お茶が主な食事です。野菜はほとんど摂れず、夏にわずかに口にするくらいです。肉を食べることもほとんどありません。一日の摂取カロリーはおそらく千キロカロリーくらいだと思います。これは日本の糖尿病食より低い水準です。

それでもラダックの人たちは健康に暮らしています。その背景にあるのは、人々の腸の働きが良いこと。食している麦に含まれるミネラルが豊富であること。麦に限らず、日本の食べ物はミネラルの含有量が低いです。だから、たくさんの量を食べなければならないということになります。ラダックは麦を育てるのに使う水が良く、その水にミネラルが豊富に含まれるという環境があります。

ブータンとラダックの両方を見て感じるのは、たとえ気候や風土、そこに暮らす人々の生活スタイルが変わろうとも、農業を通じて十分に幸せな生活ができるということです。人間の命をつなぐ食べ物をもたらしてくれるのが農業です。その土地に適した農業に取り組むことで、そこに暮らす人々の幸せが支えられます。

良い食べ物を食べて、良い生活をすれば、人間は健康でいられ、悩みごとも少なく生きていけます。悩みごとが少なくなるというのは、脳の働きが変わって、こだわらないとか、迷わないとか、思いを後に引きずらないようになるという意味です。そして、そのように暮らしていくと、自分の価値観や生きる態度というものが定まって、人生上のさまざまなハプニングに遭遇したときにも、生き方や判断がぶれないようになります。農業が、そこに暮らす人々の「生きること」の質を高めるということです。

今日と明日は同じ日

鈴木秀子

ある人が、隣の街へ引っ越して行こうとしていました。そして町境に来たときに、小さな年取ったおじいさんがボロボロの着物を着て石の上に座っていました。そのとき引っ越していく人が、「おじいさん、私がこれから行く町はいい町かしら、幸せにしてくれる町かしら」と聞いたのです。

そうしたらおじいさんは、「今まで住んでいた町であなたは幸せでしたか、不幸でしたか、どっちでしたか」と聞きました。「あまり良くなかった、不幸だった」と言うと、おじいさんは、「そうしたらこれから行く町も、今まで住んでいた町と同じでしょう」と言いました。「あなたの答え通りの町が、次の町でも待っていますよ」と言ったのです。

ですから、私たちも今日から明日へと、引っ越しではありませんが、移って行きますが、今日から明日へ移って行くにあたって、今日生きていたと同じようにまた明日へと移っていくのです。私たちが幸せな町から来て、幸せな町へ移っていくんだとおじいさんに答えられるためには、周りが何をしてくれるのかではなく、自分の心を平和に穏やかに、そして幸せ感を満たして生きていくことだと思います。

そんなに大きなことではないにしても、自分が仕事を通してやることは周囲の人の役に立っているのですから、あなたの存在は一人一人かけがえのないもの。みんな違いながら深いところでは人間の命はつながりあっている。それを一人一人の個性という違うもので、この世を生きていく。

そして、その違いはただ一人のため、この世のために喜びを満たしていく。だから誰かが、たとえば嫌な人に会ったときに、あの人はひどい人だと言って、反射的に罵詈雑言を繰り返すのではなく、嫌な人に出会ったとき、ふと立ち止まってみて、あの人はきっと疲れているに違いない、と捉えてみる。そして自分は、その人が何か嫌なことを言って、どんな反応を自分の心の中に起こしているかなということをつかまえることが大事です。

坐禅をしている方たちは、外からの刺激が自分の中にどんな反応を起こしたかなとつかまえる能力がものすごく育っています。そういう力のついた一人一人が、まず今、自分がどんな反応を起こしたかをつかまえます。そして相手の状況をちょっと思い巡らして、自分の力ではどうにもできないにせよ、この宇宙、人間一人一人をかけがえのない人として生かし続けてくれる大きな愛と力を天からもらって、その人のところに天の助けが届くように気を送るということが大きな祈りになると思います。

もちろん、あの人が幸せになりますようにと祈れればそれでいいですが、向こうが嫌な態度をとれば、私たちはそんなことはなかなかできません。まず嫌なことを言われたら、反射的にすぐ同じように答えないようちょっと間を置いて、自分の中に嫌な想いが湧いてきたな、怒っているなと自分に気づき、まず自分を大切にし、深刻にならないように、静かに自分を鎮めれば、自動反応で嫌な言葉を返さなくて済みます。それがまた自分を大切にすることだと思います。

自分を大切にしないと、人を大切にできません。自分を大切にする力を育てた人から、知らないうちに波紋のように広がっていくものがあります。幸せな波紋が広がって、そうすると何をするのでもないのに、あなたのそばに来ると、近寄った人がほっとして、何か幸せというか温かい気持ちになります。さらに、知らない人に知らないうちに温かい気持ちが伝わっていきます。

坐禅をする目的はいろいろあるでしょうが、やっぱり自分が自分を大切にして、一人一人が置かれた場所で幸せ発信地になることだと思います。その方々がそれぞれのところに散って行って、その場で幸せ発信地になり、そばに来る人がなんとなく幸せな波動を受けていけば、世の中はどんどんよくなっていきます。

生きることと日々の悟り

野口法蔵

前にも触れましたが、私が仏門に入るきっかけとなった、バングラデシュでの経験を紹介します。マザー・テレサのところにいるシスターたちが、コレラが蔓延する最前線で救援活動にあたっていました。医薬品が不足し、バタバタと人が死んでいく中で、シスターたちはコレラに感染しませんでした。外国から来たジャーナリストや国連の職員たちも次々とコレラに感染して、退却を余儀なくされていましたが、シスターたちは無防備であるにもかかわらず無事なのです。たとえば先述しましたように、コレラにかかった赤ん坊を抱き上げて、その子を助けようとして口移しに息を吹き込んだり、食べ物を口から入れようとしていました。口移しなどは百パーセントの確率で感染しそうなものですが、彼女らには感染《うつ》らない。

これは何だろうと思いました。

彼女たちは「神のため」という一心でやっていて、自分の健康や命の心配をしていません。

それでも結果的に彼女たちは死にませんでした。それで、それを見て「なんてことをしてるんだ」と思いながら、写真を撮っていた私がコレラに感染してしまったのです。患者に触れてもいないのにです。あのような患者だらけの状況にいれば、むしろ感染して当然ではありました。しかしこれは何だろうと思いました。

シスターたちはインド人です。ヨーロッパ人ではありません。そのことが関係しているのだろうかと思いました。彼女たちが持っているバックボーンというのは何だろうかと思いました。彼女たちはクリスチャンですが、その根底にインド人古来の考え方が備わっているでしょう。それが関係しているのだろうかと考えましたが、結論は出ませんでした。

私は臨済宗です。臨済宗は禅宗の一派です。坐禅をしながら、ただ「無」になるのではなく、「公案」というものに取り組みます。「公案」というのは「なぞなぞ」のようなものです。答えのない「なぞなぞ」です。その人が体験してきた人生から導き出される「境地」のようなものが、その人にとっての答えとなります。正解がないので、その人らしいオリジナルなものを答えとしなければなりません。そして、このシスターたちはどうして病気にならなかったのだろうという問いは、私にとってのひとつの公案となりました。

人生には三大質問があると言われています。

一つ目は、「あなたは何のために生まれてきたのですか？」

二つ目は、「あなたは何のために今生きているのですか？」
三つ目は、「あなたの仕事の目的は何ですか？」

この人生の三大質問に、日本人は即答できるでしょうか。どれだけキャリアを積んできた人でも、即答は難しいのではないでしょうか。ところが、インド人ですと、子供に聞いても即答します。チベットの遊牧民の子でも即答します。これに即答ができないと、何のために生きているかもわかりません。何のために死に向かっているのかもわからなくなってしまいます。人生の目的がはっきりしないということは大問題で、それではうまく死ねないし、うまく死ねないということは、うまく生きられません。当然、悩みごとも尽きないということになります。

インド人が答えるであろう答えはこういうものです。「何のために生まれてきたのか」という問いに対しては、「前世に自分のしたことによって生まれてきた」と答えます。カルマの法則です。それから「何のために生きているか」と問われると、「人は徳を積むために生きている」と答えます。「徳」はインド語でグナと言いますが、ミャンマーであれタイであれどこであれ、仏教圏では人は同じ答え方をします。そして「仕事は何のためにやっているか」と問われると、「悟るためにやっている」と答えます。「悟るために」とは、自分が納得できる生き方を噛みしめるために、手応えのある生き方をするためにということです。「悟る」にも四段階あり、ここで言っているのはその前の方の段階です。ブッダになるとか、そういうことではありません。

ですから、悪い側面もありますが、インドの身分制であるカースト制とは、こういう考え方から来ています。インド人はカーストの上下にかかわらず、どんな職業の人も強いプライドを持っています。たとえ乞食でも、自信と誇りを持って乞食をやっています。だから、自分のことをまったく卑下しません。私もインドで乞食に英語で説教されたことがあります。

インドでは身分の高い人が、自ら乞食に身をやつすということもあります。これはひとつの巡礼の作法でもあります。年配になり、ある程度の名誉を得ると、家族や家や職業を捨てて、各地を来世のために巡礼をして歩くということがあるのです。無所有になり、お金も持たず、皆から食べ物の施しを受けながら聖地を巡礼します。どこかで亡くなっても、家族には知らされません。亡くなった場所で火葬にされて終わります。そういう人生を選ぶ人が今でもたくさんいます。

彼らは来世のことをいちばんに考えているわけです。この人生に生まれたのは前世に原因があり、今世はどんな来世を迎えるかということの原因となるわけですから、死ぬ直前まで徳を積む努力を惜しみません。死が終わりであるとは誰も考えておらず、次のスタートと捉えています。ですから、ギリギリまで生きることに努力し、良い来世を願って、諦めずに徳をより多く積もうとします。仕事も徳を積む手段であり、同時にその中で、悟りを得ることのできる大切な道なのです。

最後に、公案のひとつとして、みなさんにお聞きします。これは東日本大震災で実際に起こった話です。みなさんならどうするかを考えていただきたいのです。

津波が迫って来ています。高台の公園に続く階段の登り口に、十数人の人がたどり着きました。そこに、車椅子に乗ったお年寄りの夫婦が、車で運ばれて来ます。みんなは、このお年寄り夫婦を車椅子ごと担ぎ上げて、階段を登ろうとしました。お年寄りは「置いて行ってくれ。そんなことをしたら、みんなが津波に呑み込まれてしまう」と言いました。しかし、他の人たちは「そんなわけにはいかない」と言い、二人を担いで階段を登ろうとしました。そして、そこに津波が到達し、二人のお年寄りも、他の十数人も、みんな流されてしまいました。

あなたがその場にいたとしたら、どういう行動を取ったでしょうか。

私だったら、二人の車椅子のお年寄りを置いて行きます。私の言い方なら「南無阿弥陀仏とお念仏を称《とな》えていれば大丈夫ですよ」と、お年寄りに言うでしょう。これは死生観の問題です。死んでも大丈夫なのだという確信ができていれば、自分の取る行動も決まってきます。(十数人の人たちやお年寄りの夫婦が死生観において迷いがあった、ということではありません。)

人間というのは迷いながら生きていくものなので、迷った末にある結果になっても、それは仕方のないことです。

ただ、いろんなことを考えて迷った末の行動と、即座に決められる行動には違いがあるということです。即座に行動を決めることのできる確信、それをもたらしてくれるものが悟りです。職業の極意を悟ると、そこから人生全般にわたる自分の考えも定まってくるのです。そうすると心に安定が生まれ、生きやすさや、幸せというものにつながっていくでしょう。

津波などの災害があれば、今の日本でも、水や食べ物が届くまでに三日間はかかります。東日本の震災のときも、三日間は絶食状態だったという人が大勢いました。そのときに落ち着いていられた人は助かりました。これでは死んでしまうとパニックに陥った人は亡くなってしまったり、体調が悪化したりしました。心が落ち着いた状態でいれば、体の消費カロリーが少なくて済むということもあるのかも知れません。

かつて私が、海外で飢餓の救済活動を行ったときにも同じような経験をしました。北朝鮮にも飢餓の人道支援に行きましたが、助けることができたのは落ち着いている人だけでした。恐怖に陥って取り乱している人は、食べ物を与えても助かりません。下痢になり、脱水症状を引き起こして亡くなる方が大勢いました。落ち着いているということが、いかに生死を分けるかを目の当たりにしました。逆に、食べ物を追い求めてむさぼってしまうと、心は落ち着かないのです。これくらい絶食したって人間は大丈夫という思いがあると、気持ちが落ち着きます。

これから、人生の中で何が起こるかは誰にもわかりません。昔よりもさらに大きな災害に遭遇するかも知れません。しかし、その中にあっても、自分が落ち着いたままでいられる方法を身につけることが重要です。これがひとつの悟りとも言えます。その意味からも、もう一度、体を通して心をつくるということを、食べるということを通して考えるべきなのではないかと思います。

自分と対話する道

鈴木秀子

　私たちは、辛いとき、苦しいときに、よく自分の心の中を見つめます。心の中を見つめながら、自分自身に向かってマイナスの言葉や暗い言葉だけを言っていると、自分の肉体に影響が出てくるし、考え方にも影響が及んでしまいます。

　私たちが幸せに生きるための秘訣は、自分自身と仲良く生きることです。自分自身と喧嘩して、自分を叱りつけたり、自分に悪口を言ったりしている人は、大抵周囲の人とも仲良くできていません。人間関係が悪くなっていきます。だから、まず自分自身と仲良くすることが大切なのです。

　そのために、いちばん注意を払っていただきたいのは、無意識のうちに口をついて出て来る「ひとりごと」です。「わあ、よかった」というようなひとりごとは意識して言っていることもあります。でも、「なんて私は馬鹿なことをしたんだろう」というようなひとりごとは、大体意識せずに言っています。ものごとがうまくいっていないときのひとりごとは、意識していないことが多いのです。意識していないひとりごとは、自分の深い深い部分を受け入れていない言葉を言っています。

知らないうちに口をついて出るひとりごとは、自分との深い関係を結び直す貴重なチャンスです。深いところの自分が素晴らしい力を得ることのできる貴重なチャンスなのです。だから、まず自分がひとりごとを言っているということに敏感に気づくようにしてください。

そのひとりごとに耳を傾けてみると、大体は自分をけなすような言葉です。その言葉を聞いて「こんなひとりごとを言う自分はなんて駄目なんだ」と、また輪をかけて自分をけなすのではなく、「あのとき、ああすれば良かったのに」と言っていたら、「ああ、なるほど」と聞いて、「今度同じことが起こったらそうしよう」と大事に受け止めておけば良いのです。頭の中、心の中にはっきりしまっておけば良いのです。

そして、「私って駄目ね」「また失敗したじゃない」「また、あんなことしちゃって」というようなひとりごとを自分自身に言っていたら、そのときがチャンスです。そういうことを言っていることに気づいたら、今度はしっかりと意識しながら言葉を言い換えます。あなたにとって強い力になる言葉に言い換えます。「大丈夫」「まだ生きてる」「まだ命がある」「そして、まだまだできることがいっぱいある」というように、当たり前のことでいいので、自分を力づけるような言葉を言うのです。

立派なことを言う必要はありません。人と比べる必要もありません。そういうことを自分に繰り返し語りかけます。まだまだできることはいっぱいあるのです。「じゃあ、何を新しくやってみる？」「新しく、どういうふうにやってみる？」と、自分自身と相談するのです。あなたにとって大事な味方、大事な人生のパートナーである夫でも妻でも子供でもない自分自身と仲良しになって、いろいろ相談しながら進んでいけば良いのです。与えられた条件、状況の中で、苦しみや喜びを噛みしめながら人間は生きていくわけです。その中でどうしていったらいいかということを、自分自身と共に考えていくのです。

人間が歩んでいく人生の道には常に岐路があります。分かれ道に立つ場面がたくさんあります。自分が無意識に自分を叱りつけ始めたことに気づいたら「あ、今分かれ道に来た」と思ってください。ひとつの道は自分を叱りつけて、自分は「駄目だ駄目だ駄目だ」と言う道です。ちょっと目線を上げると、もうひとつの道が見えます。それは自分自身と対話して相談する道です。

「今、私の周りでは何が起こってるの？」と自分に聞きます。すると「誰かが私の悪口を言ったから、私は怒ってるのよ」とか、現状を自分が説明してくれます。「悪口を言った人は、今そこにいる？」と聞いてみます。「いない」と答えがあります。「じゃあ、何をする？」とまた自分に尋ねます。自分自身とそこで問答するわけです。もうひとつの道では、自分を叱る代わりに自分に質問をするのです。「今、何が起こってる？」「この状況の中で、何をしたらあなたはいちばん楽に楽しく幸せに生きることができる？」「そして、周りの人も幸せにすることができる？」という質問を用意しておいて、自分自身に聞くのです。

そうすると、初めは良い答えが返って来ないかも知れませんが、人間とは素晴らしい存在で、そういう問いかけを続けていくうちに、やがて素晴らしい答えに巡り合うことができます。答えがやって来たら、それは大事にとっておいてください。そのときにはできなくとも、自分自身から返って来た答えは、自分の中から出て来たものなのですから、やがて必ず実行することができます。その答えを使いこなせるときが来ます。

だから自分の心が暗くなって気分が沈みがちなときには、「あ、自分は今、分かれ道に来ているな」と思ってください。自分を叱ろうとする自分から離れて、「今、何が起こっている？」「この状況の中で、いちばんどうしたらいいと思う？」と自分自身に聞いてみることです。

私の知人からこんな話を聞きました。それはその方が中学生の頃、道で転んだときのことです。お母さんと一緒に歩いていたのですけれど、転んだその子にお母さんは手を差し伸べてくれなかったのです。そばに立っているのに手も出してくれないから、その子は怒りながらカバンをパンパン叩いて一人で立ち上がりました。そうしたらお母さんが、そばに立ったまま「さあ！」と言ったのですね。お母さんは何もしてくれないけど、自分はこの重いカバンを持って何をしなければならないか。「さあ！」一歩一歩足を前に出して歩く。それ以外にはないと思ったのです。

それ以来、その方にとっては、お母さんの「さあ！」という言葉が、自分の中心を貫く言葉になったと言っています。何かがあって気分がへこんでしまうと、布団をかぶって寝てしまいたくなって寝てしまうのですけれど、起き上がったときに自分に気合いをかけて「さあ！」と言うのです。そうすると、一歩前に進む気力が湧いてきて、新しい一日が始まると言っていました。

自分を勇気づける言葉、力づける言葉が、人によっていろいろあると思います。人によって違うものがあるでしょう。みなさん、お一人お一人に、きっとそういう宝のような素晴らしい言葉が心の底に秘められていると思います。お友達やご家族で、自分にとってのそういう言葉を、遊び感覚で探し出してみてください。あるいは、これからそういう素敵な言葉が、プレゼントとして周りの誰かから贈られるかも知れません。

いまだに多くの人が自分自身と喧嘩をします。だから、辛くなり苦しくなるのです。喧嘩の始まりは、自分自身を責めるところからです。「なんてバカなことをしたの？」とか、「なんでもっと上手にできなかったの？」と責めたり叱ったりします。そうしていると心は苦しく状況も好転しないので、自分の中に暗い嫌なものが湧き上がります。それに耐えかねて、大体私たちは人のせいにし始めます。あの人が悪いから、この人が悪いから、あの人がああいうことをするから、だからこうなったと責任を転嫁すれば、自分の心が少しすっきりすると思って、みんな人のせいにするのです。

でも、そうしたところで、私たちはみんな経験していると思いますけれど、しばらくすると今度は嫌な思いが倍になって返って来ます。向こうからも、人のせいにする嫌な思いが返って来るのです。だから「ああ、向こうも人のせいにし始めた」と思ったら、さっさとその場から逃げるとか、お茶を飲みに行くとか、何かをして自分の心の平静を取り戻して、「この状況の中で、何をしたらいいの？」という問いかけを自分にして、自分で知恵を出すのです。

自分が自分を嫌いにならないように、自分と仲良しでい続けることが幸せになるいちばんの秘訣なのです。あなたが自分自身と仲良しでいれば、周りの人もあなたの一緒にいることを楽しんでくれるようになります。みんなが近寄って来てくれます。だから自分自身を責めたり叱りつけたり、自分と喧嘩したりするのをやめることです。

そのためには自分に問いかける力強い質問を用意しておくのです。「今、何が起こっているのですか？」「この状況の中でできるいちばん良いことは何ですか？」と、自分に聞くのです。何の答えも得られなかったら、「いいじゃない」「命があるじゃない」「まだ生きてるじゃない」と言えば良いのです。

多岐にわたる修行実践……野口法蔵

私が実践しているのは、一言でいえば「禅」です。ただ禅といっても現代日本の臨済宗や曹洞宗などの禅をイメージすると少し違います。かつては日本にしても中国にしても、多くの修行僧が遊行という形で諸国を渡り歩いて、自らの信仰を鍛えていきました。今は自分の宗派、自分の寺院でしか修行をしない人ばかりです。もっと他の所で他の形もあることを学んで、禅にしてもいろいろな禅があることを知ってほしいと思います。

私はいろいろな所を回って学びました。禅については韓国、北朝鮮、中国の僧堂でやりました。瞑想についてはテーラワーダのものをスリランカとタイでやり、チベット仏教もヒンドゥー教もジャイナ教もやりました。ジャイナ教も一種の禅です。アジアにある禅または禅の基になった宗教は全部やったことになります。

どのような禅がもっとも体質改善に有効なのかということを考えて、最終的には自分でも少し工夫を加えていきました。自ら実践して体調の変化なども観察しながら、工夫を重ねました。伝統的なものだけに頼っても、修行はなかなか進みません。最初はしっかり伝統から出発すべきですが、それに従えば悟りに到達できるとは限りません。いろいろな人が言うように、宗教の道であっても自分なりの工夫というものは必要です。

私の修行はインドからスタートしました。さまざまな見聞をして経験もしてきました。たとえばジャイナ教では期間の長い断食をします。その断食に耐えるための体質改善に禅が用いられていました。禅の呼吸法によって体をコントロールしながら、長期間の断食をします。そこにはジャイナ教の禅の工夫の歴史が感じられました。

チベットの人たちが住むのは厳寒の土地です。現在も燃料は不足気味ですが、昔はなおのこと燃料が手に入らなかったので、修行をする寺院では火を使いません。その寒さに耐えるために禅をして瞑想をします。体温を上げ凍傷になるのを防ぐための瞑想です。命を守るための、生きるために欠かせない瞑想なのです。悟るためにというような次元ではない、できないでは済まされない切羽詰まった状態での瞑想です。そういう環境に追い込まれた修行というのがチベットの修行でした。

「今・ここ」に集中することを説くマインドフルネスという瞑想法が流行していますが、その内容は指導する人によっていろいろのようです。仏教で説かれているヴィパーサナ（「ヴィパッサナー」のスリランカでの発音）という瞑想は、智慧・洞察・悟りに至るための瞑想と説明されますが、これもまた近年注目を集めていて、その実践にあたってはさまざまな中身のものがあるようです。私がスリランカで体験したヴィパーサナは、今日ヴィパーサナとして一般的に知られているものとはまったく異なり、命がけのサバイバルゲームのようなものでした。これはスリランカでも滅多に行われるものではないということです。

スリランカに行く前に私は、チベットでももっとも厳しいといわれる僧院で修行をしていましたので、自分がそれなりの禅、瞑想法、呼吸法を獲得できたものと思っていました。それが本当に自分の身についているものなのかを確かめるつもりで、チベットとは真逆の環境ともいえる、赤道近くのジャングルの国、スリランカでの修行をすることにしたのです。そこでたまたま出会った修行が、想像を超えたサバイバル的な修行でした。これもヴィパーサナと称していましたが、それはどんな方法を用いてでも、その期間耐えることができればいいという修行でした。

私が参加したのは六カ月コースで、二カ月ごとの三つのパートからなっていました。参加者全員が一堂に会する機会がなかったのでよくわかりませんが、ヨーロッパ人はいないようでした。大乗仏教の人は少しいたようですが、あまり多くはありませんでした。やはりバングラデシュやミャンマー（当時はビルマ）などの南方系の仏教の人たちが主でした。このコースのスタート時は二百人余りの参加者がいました。

①最初の二カ月：蟻《あり》漬け

最初の二カ月はお寺の中でする修行でした。お寺といってもジャングルの中にあるようなお寺です。大量の蟻の通り道があって、そこにわざとクティ（家）を構えて、修行の参加者を住まわせます。蟻は人間の体の上でも構わず歩き回ります。要するに参加者を蟻漬けにしてしまうのです。蟻だらけの部屋の一角で過ごします。そこで一日一回、普通の食事もとりますが、ひたすらそこで蟻を一匹も殺さないで過ごすのです。夜、寝ていても蟻が体の上を這って行きます。そういう中で暮らします。

普通の暮らしと違うところは蟻がいるということだけです。しかし、それで夜は眠れなくなりますし、少しノイローゼになります。それを乗り越えるために、自分自身の体と精神との接点を深化させようと、否応なしに工夫し考えていきます。その体と精神の接点の要にあるものが呼吸であって、呼吸を整えていくことによって自分自身を保っていけるのだということがはっきりとわかってきます。

チベットには蚊をはじめ一切、虫はいません。寒さが厳しいというだけですから、そういう意味では快適です。それが今度は逆です。「蟻を殺さない」という条件の中で、体中蟻まみれになりながらそれに耐えるわけです。途中脱落する人がどんどん出て来ます。そして脱落した時点でその修行は終わりです。この蟻の修行で参加者は大体半分くらいになりました。ビルマのどんなに山奥から来た人でも、普段はそういう生活をしていないので、やはり少しノイローゼになります。

②次の二カ月：蛭《ひる》漬け

その次の二カ月は、場所が変わってスリランカ中央部の山中のゴールという所の近くでやりました。山の中にある二メートル四方くらいの広さのトタン屋根のクティに一人ずつ入るのです。クティは一つの山のあちらこちらに散らばっているので、他の人とまったく交流はありません。一日一回、午前中に麓のほうへ下りて行ってごはんをもらって食べます。

その山中には、蟻ではなく血を吸う蛭がたくさんいます。また、クティはトタンで覆われているので中の温度がとても高くなります。窓はありませんので四十度は優に超えて、おそらく五十度くらいにはなっていたのではないかと思います。体温より高くなっていたのは間違いありません。

一日一回、ごはんをもらいに麓に下りて行く以外は、その場所でずっと過ごすという修行です。当然蛭が来ますが、その蛭を基本的には払わないので血を吸わせ放題です。その環境の中で蛭を殺さずにいるという修行なのです。

着ている黄色い衣が自分の血でミャンマー僧の袈裟のような赤いものに変わります。蛭に吸われるままですので血が止まらず貧血になります。暑さも加わって頭も朦朧としてきます。たまに川に水浴びに行ってもいいのですが、動くときには日本でいう「経行《きんひん》」の如く一呼吸で一歩ずつ、裸足でジャングルの中を歩いていきます。移動する速度を上げてはいけないので、ごはんをもらいに行って帰って来る距離はそれほど遠くはありませんが、片道一時間くらいかかります。

川での水浴びも同様です。川の中にはピラニアではありませんが食肉魚が回遊しているので、音を立てず波紋も作らないようにして静かに水浴びしなければなりません。経行の速度でスーッと入ってスーッと出て来れば問題はありませんが、バシャバシャと体を洗ったりしたら食肉魚がワッと現れて噛まれてしまいます。

とにかくそういうゆっくりとした体の動きを保って、呼吸を乱さないという努力を必死で続けて、二カ月を過ごしました。そこでも参加者はさらに半分くらいになりました。

③最後の二カ月：湿気と人骨

最後の二カ月は、スリランカ第二の都市キャンディの山の中に移動しました。そこは山岳地帯で、洞窟寺院などがあり、天然の洞窟に入り口をつけたようなところで、一人一人に分かれて生活します。清貧で知られるアッシジのフランチェスコの如く、石の寝台に石の枕があるだけです。そこに蟻や蛭はいませんが、今度は湿度が非常に高いのです。体が濡れてしまって、ほとんど水の中ではないかという気分になります。水は上からも滴り落ちて、寝台もびしょびしょに濡れて、体中濡れながら暮らします。

そしてそこには骨も置いてあるのです。なぜか人骨がそこらじゅうにばら撒いてあって、それが真っ青にカビていて異臭がしていました。人の神経をかき乱すような不快で嫌悪感を激しく呼び起こすようなことばかりが設定されているわけです。

これが三コースの修行のうちで精神的にいちばん耐え難いものでした。とにかく悪夢ばかり見ました。二十四時間、起きていても悪夢を見ました。気がふれるというか、そんなような状態だったのでしょう。

しかも、そこではしっかりと呼吸をしないと肺が病気になります。日本の籠山行《ろうざんぎょう》ですらそのような病になって苦しむ人がいますが、肺に穴が開いてしまうのです。それで多くの人が健康を害してしまいます。ですから、そのような湿気の中で、しっかりと呼吸を意識して続けることが大切です。

そうして二カ月、二カ月、二カ月の計六カ月のコースが終わりました。二百人余りいた参加者が、最後には十数人になりました。この過酷なプログラムも一応ヴィパーサナと呼ばれていました。

このスリランカでのヴィパーサナ修行のときには、指導者が見ているわけではないので時間をどう過ごしてもいいのですが、激しい動きはできないので実際には瞑想しかできることがありません。禅であろうがヴィパーサナであろうが何であろうが、結局瞑想しかないのだと思います。

取り組んだ人はおそらく、それぞれ自分に合った瞑想の技を手に入れたと思います。自分に合った瞑想に必要な工夫、自分らしい瞑想の方法というものは、自分自身で探すしかありません。そしてそれを一度身につけると、どんな状況でも使うことができます。私はこの経験で、チベットの寒いところで獲得した技が、ある程度南でも使えるということがわかりました。ただし、同じ暑いといってもいろいろな環境があるので、その状況に応じて必要な工夫をしていきました。

また、このサバイバル的な修行のいちばんの成果は、終わった段階で蟻も蚊も蛭もみなかわいく思えてきたことでした。ただ殺してはいけないというだけではなく、身の周りにたくさんうごめいているそれらの存在が、存在として自分と同格に見えてきたのです。

ですから殺生するな云々ということではなく、それらの存在は人ではないけれど、まさに「この人たちがいてくれてよかった」ということを感じたのです。生きていく上では自分の敵であった存在ですから、このニュアンスを表現するのは難しいかも知れません。それはけっして感謝ではありません。ただただ「いてくれてよかった」「存在してくれてよかった」と実感しました。

このときの「いてくれてよかった」という感覚が、「慈悲」と呼べるものであったかどうかはわかりません。私は「慈悲」という言葉はとても難しい言葉だと思っています。「慈」

と「悲」とに分けて私なりに教わった通りに考えれば、怒らない、同情するというような意味ですから、それらが絡み合う概念であるということになります。

以前、私の断食会に来ていたヨーロッパ人の神父さんが、「世界中の食べられない人のことを考えながら断食して坐禅していました」と言うのを聞いたことがあります。私は「大したものだな」と感心しましたが、私自身はそういうふうに考えたことはないなとも感じました。慈悲とはそのときそのときにいろいろな中身を持つものともいえますから、定義はできないのかも知れません。

慈悲を字義通りに捉えれば、怒らないこと、同情することであるといえます。「悲」という言葉が示す同情というのは、上から憐れみをかけるのではなく、相手と対等に思うということです。ということは、スリランカでの修行後に、私と蟻や蛭とは対等だと感じた体験が、私のここまでの人生においていちばんの「悲」であったというのは確かだと思います。

「慈」という言葉が示すのは怒らないということです。怒るという感情は、何かをされたことに対する反応です。何もされなければ怒りもありません。大体は人にされたことに対して感じるのが怒りであって、人以外の他の存在に対してはあまり怒りを覚えるということはないでしょう。

これに対して「悲」＝「同情する」というのは、ただ人だけに対して感じるものではありません。このあたりがインド的、アジア的なところで、キリスト教とは違うところです。存在して自分と関わり合う対象は人だけではないのです。すべての生き物は対等であり、どこまでも平等です。その「どこまでも」を「どこまで」と考えられるのか。そこに修行の成果も反映されて、自分自身をコントロールする力にもつながるのだと思います。

コントロールというのは、自分を律するという意味にとどまらず、自分で考えた結果の行為や行動を超えて、何も考えなくとも自然とそのような行動をとるという自分になることです。わかりやすい例では、ジャイナ教の「殺さない」という境地は、意図的に「殺すのは悪いことだ」と考えるのではなく、すべての命は平等だと見ることで自然とそうなるのです。けっして考えた結果「そうすべきと思った」というのではありません。それと同じです。

大事なのは信仰心

野口法蔵

意識しなくても慈悲の心が持てる、命を平等視できるという力は、やはり信仰からもたらされると思います。スリランカのサバイバル的修行を通じて実感したことは、結局、瞑想でも禅でも、信仰につながらないものはあまり力を発揮しないのではないかということです。

私は大乗仏教でも小乗仏教でも分け隔てなく学び、修行を実践してきました。その経験から言うと、上座仏教と呼ばれるテーラワーダでも信仰がないというわけではありません。また大乗仏教がヒンドゥー教を基にしているのは間違いありませんし、ブッダがもし生きていたら大乗仏教のことを「これはバラモン教の一部です」と言われるのではないかと思います。

それでも大乗仏教には捨て難い魅力があります。ブッダの教えこそが大切といっても、テーラワーダだけでいいかというとそうではないと思います。阿弥陀信仰などはブッダの説いた本来の仏教からどれくらい離れているかわかりませんが、しかし大衆にとっては理解しやすいものなので、中国でも厖大な数の人たちが長年念仏を称《とな》えてきています。信仰を自分のものとして念仏を称えると、すぐに瞑想状態に達することができます。その点からも大乗仏教も侮れないものであると思います。

ハードな修行で知的世界から脱却

野口法蔵

盲信は良くないとしばしば言われますが、では知的であれば良いのかというとそういうわけでもありません。知的な能力に頼っていては、信仰の面でなかなか高みに上がれません。インドのコルカタのラーマクリシュナはドクロを持った黒い女神カーリー神をカーリー・マー（母）と呼びましたし、浄土真宗でいう妙好人《みょうこうにん》は阿弥陀様を親様と呼びました。このような飛び抜けた存在の、その高い境地には私たちはまったく及びません。それは知識が邪魔をするからだろうと思います。知識イコール思考ですから、思考しやすい頭になってしまってはいけないのです。

一度そういうふうになってしまうと抜け出すことは相当に困難です。本当の意味でそこから抜け出すためには、体を激しく酷使する修行に一度飛び込んでみるしかありません。自分自身を打ち破ると言いますか、壊してしまうくらいのハードなことをやってみないといけません。

実際にこの問題を乗り越えた人はみな、このような考え方と同意見です。天台宗の千日回峰行をやった人たちにはインテリもいますが、みな同じようなことをこぞって言っていました。葉上照澄《はがみしょうちょう》阿闍梨《あじゃり》はかつて東大を出てから千日回峰行をやりましたが、私と縁側で二人で話したときに、「知識を壊すのに本当に苦労した。体を壊すより大変だ」と語っていました。その後、天台宗の山田恵諦座主《やまだえたいざす》に会いましたら、やはり「それがいちばん大変だ」としみじみ言っていました。日本の独特な行《ぎょう》や修験《しゅげん》にしても、体を酷使するものばかりです。

密教にもそういうところが少しあります。密教というのは大乗仏教の中でもより本来の仏教から離れたものだと私は考えます。密教というのは、古代インドのバラモン教やヒンドゥー教などと仏教が融合してできたものです。

つまりは私にとっては何でもいいのです。私が最近とても興味を覚えているのはキリスト教のカトリックです。要するに今の私にとって最大の関心事は、いかにして信仰深い体になるかという問題です。その解決に役立つものなら何でも使ってやろうと思っています。

『法華経』の中でも説かれていますが、自分の力で救いを求める「自力」と、阿弥陀如来の本願力によって救われると信じる「他力」との間で、人は二度くらいは反転すると言います。最初は、皆で念仏を称《とな》えて他力にすがる信心も良いものだと思います。

そこから禅宗がいうように、本当に阿弥陀様というものがいるのだろうかという疑いの心が起きます。そして、本当にいるか確かめたい一心で実践を続けます。やがて、本当にいるかどうかなど確かめられない、自分にできることは阿弥陀様がいてもいなくても信じることだけだと思いが定まって、その反転の後に生まれた信仰が本物の信仰になるということです。

禅宗では「大疑のもとに大悟あり」という考え方から、疑いの固まりとなる「大疑団」を目指すという考え方をします。反転したときの他力というのは自力より上です。私がいう信仰というのはそこの部分です。信仰的な心ではなくて信仰的な肉体のことです。理屈で納得して信じるのではなく信じている自分になる、信じている体を得るということです。たとえばスリランカに行ったときに、虫と自分が平等だと思えたこと。平等ですから、自分が仏に見えるのならその虫も仏に見えるということです。

第6章

自分を超える存在

聖人はいない

野口法蔵

どんなに修行が進んでいる人でも、人である限り聖人・完璧な人はいないと思います。ですから、よく聖人を探し求める人がいますが、あえて探さない方が良いのだと思います。どんなに立派だといわれている方でも、自分を聖人らしく立派に見せようと考え始めると無理が生じてきます。立派かどうかなど知らぬ、ただ自分のありのままを見てもらうしかないという気持ちでいないと、間違った道に迷い込みます。カリスマらしく振る舞ってしまう人も、カリスマを追い求める人も共に道に迷っていると思います。

完璧な人間はいません。こんなことを言うと仏教徒にあるまじきとの誹《そし》りを受けるかもしれませんが、仏陀でさえ、恐らくそれほど完璧な人間ではなかったと思います。仏陀の教団の分裂を謀った提婆達多《だいばだった》や、その他自分に背く者を痛烈に批判しています。テーラワーダの経典にもそのような仏陀の姿が描かれています。厳しいというよりも、怒りに囚われてそれを露わにしてしまっています。それが人間というものでしょう。仏陀も人間である限りは、そういうことがあっても仕方のないことだと思います。

「この自分で良い」と思うことが本当の謙虚

鈴木秀子

みなさん、生きていますね。命がありますね。明日死ぬなんておそらく元気な人は誰も思っていません。「命があるじゃない」と、自分に言い聞かせることはとても意味のあることです。「命」というものをあなたが創り出せますか？　私たちは誰もそれを創り出すことができません。

瀕死のお母さんをどんなに必死に救おうと思っても、新しい命を創って手渡すことはできません。息を引き取った我が子をどんなに可愛いと思っても、あなたが命を創り出してあげることはできません。私たちは今生きていることを当たり前と思って一瞬一瞬を生きていますけれども、命というものは誰一人、人間には創れないものです。

聖書のいちばん最初の部分に、「神は、ご自分のパートナーとして、相棒として、愛を分かち合う存在として、一人一人の人間を創られた。そうして、生きている一人一人に、一瞬一瞬命を与え続けておられる。ご自分の命の分け前として、ご自分の大きな愛の分け前として、一人一人をお創りになり、今も創り続けておられる。だから、命ある人間という存在は、神の目から見て、ご自分の命の分け前で、一人一人を神は良しと見たもう」と書かれています。

神というのはあなたにとってどのような存在かわかりませんけれども、私が信じている、私たちを超える全能の神というのは、絶対的な良い存在で、親が子供を思う思いが海の水の一滴だとすれば、地球上を覆っている大海が神の愛の心だと言います。その大きな愛の心で神は私たち一人一人を見つめ、包んでくれると言います。神がそれほどの思いで、あなたを良しと見たもうているのに、あなたを今のままでいいんですよと見たもうているのに、そう思えずにいる人がどれだけいることでしょう。

私たちは「いいえ、駄目です。私は運動が上手じゃないから駄目です」とか、「絵が上手に描けないから駄目です」とか、「きれいじゃないから駄目です」とか「身長が五センチ足りないから駄目です」とか、自分に言っているわけです。神様が「あなたは素晴らしいんだ」と言って、一瞬一瞬命を与えてくださっているのに、「自分なんて駄目です」と言い張って止まない人は、それは神様より自分の方が偉いですと言っているに等しい人です。それは傲慢というほかありません。自分を叱りつけている人は、とても傲慢な人であるということです。

謙虚になって「うん、この自分でいいんだ」と思うことができれば、この自分を神様は愛してくださっている、神様の愛によって自分は今生かされているということを、改めて感じることができるでしょう。そして命があるということの尊さに思いを馳せることができるでしょう。

私たちは普段は命があることが当たり前と感じています。命があることが当たり前ではなかったんだと思うのは、身近な人が死んでいくときだけです。誰かの死に直面したときだけです。そして、死んで行く人たちの方も、死の間際にして、命が尽きかけていて、やがて自分がこの世から去るということを半分信じて、半分信じていません。人間はなかなか自分が死ぬとは思えないものです。自分だけはいつまでも生き続けているような気がしているのです。しかし、臨終が迫って体力が尽きて、死が近寄って来るのが感じられると、もう他のことは考えられなくなります。人間にとっていちばん大事なこととしか考えられなくなります。

私はよく、亡くなる人たちのところに招かれて行くことがあります。死が近いといっても、病魔との闘いにまだ余裕のある人は、半分死にそうだけれど、半分は大丈夫かもと迷いの中にいるようです。でも、体力が失われてぎりぎりの状態にある人は、もうこの世にお別れしてあの世に行くのだという覚悟が定まってきます。そして、死ぬ間際の人というのは、大体あの世に行くということをけっして嫌だと思っていないようです。

私は初対面の方の死ぬ間際に呼ばれることも多いです。それにもかかわらず、誰もがとても歓迎してくれます。なぜかと言いますと、私はかつて臨死体験をしているからなのです。あの世がいかに素晴らしいかを体験して、この世に戻っているからです。本当はその話をしたいところですが、紙幅が限られているので省かせていただきますけれど、あの世というのはそれは素晴らしいところです。

そういう私が亡くなる人のところに行きますと、私があの世に足を一歩踏み入れた、自分がこれから行こうとしているところに行って来た人間だということで、臨終の縁にある人たちは、自分と同じような人だと、私を受け入れてくれるのです。それで、初対面であっても、安心して何でも話してくれます。

本当に残り時間がなくなってくると、それが私にも感じられたり、お医者さんがあと三日くらいと予測していることが耳に入ったりします。本人も気力をどんどん失っていきます。そういうときに、私は「残された時間に何をしたいですか?」と、聞きます。そうすると、気力を振り絞って、あるいは元気を取り戻して、いちばん先に何を言うと思いますか? ほとんどの人が同じことを言うのです。

臨終の縁にある、死を間近に控えた人が何を言うかというと、前にも触れましたが、「喧嘩している人と仲直りをしたい」と言います。人間の本質を死んで行く人は見せてくれるのです。人間のいちばん深いところの、いちばん大事にされているものというのは、他の人と心を通じ合い、愛を分かち合い、お互いに仲良く、「本当にあなたは大切な存在です」ということを伝え合いたいという、つまり、愛で一致したいという思いです。

だから、喧嘩している、仲たがいしているという状態は、その思いから外れてしまっているということなのです。仲たがいしている人と、もう一度仲良しになって、そうしてからこの世を去りたいという思いは、人間の本質に根差す絶対の思いなのです。

知識を習得し体で実践する

野口法蔵

ヨーガの行者をヨーギと呼びますが、大きな観点から見ればすべての道にある者がヨーギなのです。禅者もそうです。どの方法を選んだのかというだけの話で、逆に言えば、ある程度どの方法でもできなければ成り立たないのです。私はそう思っているので、みなさんには幅広く、自分の方法だけではなく、いろいろな国に行っていろいろな方法を短期間でもいいから学んで来られるといいのではないかと思っています。

一般の方はもちろん、お坊さんにしても自分の宗派しか知らないので、もっと他を回るといいと思います。そうするとほとんど共通しているということがわかると思います。

先ほど「知識が邪魔になる」とか「体からのアプローチが重要」などと述べましたが、では知識はまったく必要ないかというと、そんなことはありません。知識がないとできないことがありますし、知識なしに行などやると死に至ることもありますので、きちんと経典なり何なりを勉強しないといけません。その上で、一度勉強したものをどうやって忘れるかは、体を使って取り組むということですね。それを踏まえた上で坐る禅は、とても深いものになります。

禅やヴィパーサナをやる人は、その最中に体調不良になることがあります。病気にかかることもあれば、私が行ったところのように、外国の過酷な環境で自分にとって初めての細菌に囲まれているようなときには必ず体調を崩します。しかし体を使ってしっかりと禅などをやっていると、菌に感染しても、体熱で免疫作用を高めて抗生物質の代わりに菌に対抗するくらいのことはできます。

逆に、それくらいまでやって初めて「禅ができる」といえるのではないかと思っています。そして、そういったことは屈強な人だけでなく、普段はときどき病気をしたりするような普通の人にも、そういう能力はあるのです。そういう能力があることを知れば、人間というものはかなり強い存在であるということが自覚できるかと思い、断食会などをやっているわけです。

以心伝心のチベット寺院

野口法蔵

チベット仏教については、ロシア領以外のすべての地域に赴きました。日本のたくさんの宗派があるように、チベット仏教にも広範な流派が存在します。ニンマ派やゲルク派など、一通りすべての流派を体験しました。

以前は、チベット仏教の中ではゲルク派がいちばん優れていると思っていました。ところが実際に訪れてみて、ニンマ派の中にもとても素晴らしい人がいることがわかりました。いろいろなところにいろいろな人がいるということで、やはり一つの方法に早いうちから絞らずに、まずはいろいろと広く学ぶという経験も大事だと思います。

チベット仏教ではゲルク派のお寺にいました。といっても、私がいたのは特殊な寺院で、中の人たちはほとんど言葉を交わさず、禅寺以上に瞑想三昧の生活を送っているようなところでした。

ラダックという地域にある二つの寺院が特別扱いされていて、生涯修行生活を送るための寺院と位置づけられているのですが、その一つが私のいた寺院なのです。その寺院にいる人たちは特別に律師や禅師と呼ばれていて、チベット全土でも有名な存在でした。

その寺院では、読経以外の会話をしませんでした。以心伝心のような感じです。ストイックなカトリックの修道院と同じです。シスターも八年間くらい無言の行をなさったと言います。修道院にいながら話さない、祈らない、本も読まないという修行で、精神的に追い込むものです。それは辛いと思います。信仰だけの一心となるよう自分を追い込んでいくわけです。苦しみの中で本当の祈りを培おうとしているのです。

私がチベット仏教のお寺で会話をしないで過ごしたときは、環境が良いのでそれほど辛くはありませんでした。人と会わないわけではありませんし、声を発さないというわけでもありません。言葉の不自由な海外にいるということもあり、私もそんなに話す必要もないかなと思っていました。読経もしますので、皆と一緒に声を発することはできます。読経は瞑想の時間のようなものですので心地良く声が出ます。話はしませんでしたが、逆に途中からは人とすれ違えば相手の心がわかる状態になっていき、とても楽に暮らせました。

言葉には棘《とげ》があります。棘の方に気を取られ、棘の存在だけが心に残ったりして、不愉快な感情が引き起こされたりします。しかし、言葉を発しないとそれがありません。相手に真意だけが伝わるのでとても楽です。悪意があろうがなかろうが、何であろうが言葉を交わすよりも楽です。

ただ、そこで生涯を終えると、楽過ぎてやはり駄目だろうと思いました。自分だけが極楽で死ねていいというようなことになってしまって、悪い意味で小乗になっています。そうではなく、何か人の役に立つという喜びが、さらに高みに昇るためには必要であると思います。

自分を超える存在との大切な絆

鈴木秀子

　三つの絆について考えてみたいと思います。一つ目は自分自身との絆、そして二つ目は他の人との絆です。三番目の絆は、人間を超える存在との絆です。

　外の風景を見てみてください。冬の北国であれば、雪が降り積もって一面の真っ白な世界になります。あのような雪をあなたは降らすことができますか？　春になれば一斉に草花が芽吹き出します。復活祭というのがありますが、キリストの復活を祝う頃は雪と冬から解放されて春が来たという大きな喜びに包まれます。

　私はちょうど復活祭の時期に東北を訪れたことがあります。この復活祭を迎える喜びは、雪国の人でなければわからないだろうと言われて、「ああ、そうだろうなあ」と思いました。半年間雪に閉じ込められて、春を迎える喜びは、その地方の人間でなければ実感できないだろうとのことでした。

そして、春の花の季節になります。あなたは桜の花を咲かせることができますか？　あの三月の芽吹き。ちなみに芽吹きの頃と言うのは、ものすごいエネルギーが樹木にこもっています。草花にもこもっています。それが一斉に芽を吹き出して、ものすごいエネルギーで地上に出て来ますから、地上にはたくさんのエネルギーが溢れています。

私たちはそのエネルギーに圧迫されて、精神も影響を受けてイライラするといわれています。情緒不安定になりがちなのです。だから自分自身の状態に注意を払って、芽吹きのエネルギーの影響を感じたら自分でバランスを取り、家族のバランスにも配慮することが大事です。

春が訪れて、あの素晴らしい花が咲く。小さな芽吹きが見る見る大きく育って、素晴らしい大きな花が咲く。地面から顔を出した小さな芽が、やがて長い年月を経て大木へと育っていく。その素晴らしい自然を育む力。そういう「力」を認めていくことのできる「力」を、自分の中に育てることが大切です。大自然の素晴らしさを支える、人間を超える大いなるものの存在。自分を超えるその存在と、大自然の素晴らしさを結び付けることのできる「力」です。

自分を超える大いなるものの存在を認めていく力は、素晴らしいものを賛美する力になっていきます。「ああ、こんなきれいな花が咲いている」「こんなおいしい果実がなっている」「こんな美しい景色が広がっている」というように、素晴らしいものを賛美する力は、人間を超える大いなる存在との大きな深い絆になります。

身の回りのものを賛美する力は、大いなる存在の力と結び付いて、自分の中の大きな力となります。この力が、知らず知らずのうちに深い感謝に変わっていくのです。当たり前と思っていたものにも、感謝の念が湧いて来ます。あなたの中に感謝が溢れると、あなたの心のバランスも取れてきますから、知らず知らずのうちに周りの人も幸せになっていきます。知らず知らずのうちに、あなた自身が幸せ発信地になっていきます。周りに幸せが広がっていきます。

そして、そのような状態で生き始めると、自然に人間は辛く苦しい思いをしている人たちに心が向き始めます。その人たちのために「祈り」をするようになっていきます。祈りというのは、自分が得をするために何か神様に頼みごとをするというのでも、もちろんそれでもいいわけです。しかし、本当の祈りというのはそういうものではありません。

祈りは、自分に命を与えてくださる自分を超える存在に対する賛美と感謝です。そして、私たちの周りにいる辛い思いをしている人に対する共感と分かち合いです。祈りは、その人たちの辛さ苦しみをわかる心を養う力になります。

私たちはあの世に行くのを待たなくとも、この世にいるときから、このようにささやかな形で生きた言葉、相手を生かす言葉を伝え合うことができます。人間は愛という深いところでつながっています。意識ではなく無意識の世界でつながっていますから、みんな伝わって行きます。だから、あなたが遠くにいる人たちのために祈っても、その祈りはみんな相手に伝わっています。

私たちは「できないこと」や「足りないこと」を考えるのではなく、こうして与えられた能力、与えられた状況の中で、「今、何ができるだろう」「どのように生きることがいちばん良いだろう」ということに頭をめぐらせて、そうして良い生き方を自分で選び取っていき、自分の人生を豊かなものにしていきたいものです。あなたが豊かになれば、あなたの周りも豊かになります。

あなたが幸せ発信地になっていくために、良い言葉というのは大きな力を与えてくれます。良い言葉を身につけながら、良い言葉を発しながら、人を活かし自分を活かし、幸せ発信地となる人生は素晴らしいと思います。

小さい悟りから信仰的な肉体へ

野口法蔵

禅でも、悟りに達したと思えるときに「自分が仏だ」と言い切る人もいます。そういうことをいい加減に言うと罪作りになりますが、まじめにそう思えるときもあります。自分の体が後光を発しているのではないかとすら思うときもあります。極小さな悟りであっても、本人は一瞬そう感じます。その状態は大事です。ただそこで傲慢に陥って尊大な言葉を言い続けたりすると、変な競争のようなことになって道を誤ってしまう人もたくさんいます。

それはやはりグル、指導者がいないと囚われてしまいやすい罠といえます。しかし、そうやって自分が仏に近づいたと感じられる状態はやはり大事です。それを維持していった先に信仰的な肉体があると思います。

信仰的な肉体に至るためには、小さな悟りの状態をどれくらい維持できるかということがポイントになると思います。悟りの状態は容易に消えてしまうので、悟る前よりもさらに失望することになります。失望しないために自分をごまかしてしまうことにもなりかねません。極端にいえば、オウム真理教のようなことになってしまいます。インドにもそういう聖者は多くいます。

修行には波があり、何度落ちてもまた昇ることがあるという確信を持って続ければ、やがてまた、もう少し大きな経験や、さらにもっと大きな経験なども得られます。悟りというものにも小があり、中があり、大があります。その大の上が涅槃のような仏陀となるような悟りということになります。滅多にそこまでは到達しないと思いますが、阿羅漢ぐらいにはなれることはあります。

しかし、シスターなどは、「悟ったからといって、そこに安住し、人のために生き、人を救わないような人は本当の悟りとはいえない」とおっしゃいます。キリスト教はそういう考え方です。それも確かです。大事なのは「自分がどれだけ悟ったか」ではないということです。

仏陀しかり、上座仏教（テーラワーダ）しかり、ダライ・ラマにしても、お坊さんだから法話をして人を導き救うという活動をされています。しかし、いくらありがたい話をされても、話を聞くだけでは人は悟りません。その人に何かを経験させないといけないのです。

ですから直接的に助ける方法も大事です。キリスト教があのように一生懸命に人を救う活動をしているのを見ると、やはり感心します。シスターはそれを使命のように取り組んでおられます。そして仏教の場合は修行があります。救済活動も修行も、その力の基盤はいずれも信仰心の中にあるという意味では同じだと感じています。

慈悲と憤怒という言い方をしますが、憤怒というのもはやりエネルギーです。肉体がある以上、そのエネルギーがないと行動は起こせないので、慈悲の裏づけとして憤怒、すなわちエネルギーが必要です。その憤怒のエネルギーをどの方向に向けるかで慈悲に至るかどうかが決まります。無力では慈悲は遂行できません。そのために、たとえば「鍛える」というような修行があるのだと思います。

私は毎日、もう数十年にわたって五体投地を実践していますが、身内からは「毎日毎日、五体投地をしているけれども、それほど人格が向上したとは思えない」と言われます。それはその通りだと私も思います。私の周囲の、さまざまな修行に取り組んでいる人たちを見てもそんなものだろうと思います。

私が身内に「人格を向上するために五体投地をしているのではないよ」と言うと、「え？　悟るためにやっているのではないの？　では、何のためにやってるの？」と驚かれます。私が「いざという時に人を助けられる自信と体力をつけておくためにやっている」と言ったら、納得したような顔をしていました。人を助けるのは当然エネルギーが必要なのです。

他人との絆結びはあなた次第

鈴木秀子

ここで、私たちが大切にしたい三つの絆というのを改めてまとめてみたいと思います。先に述べましたように、まずは自分自身との絆です。自分自身と仲良しになる言葉を自分にかけるという心がけが大切ですね。いつも自分と仲良しになって、周りの人とも仲良く生きていくということが大事です。

そして二番目に大切な絆は、他人との絆です。他の人と喧嘩をしないことです。大体自分と仲良しでいれば、周りの人もあなたのことが好きになって寄って来るでしょう。そばにいて何も話さなくとも、ほっとしてリラックスしていてくれます。不機嫌な人の所に行って、いつまでもそばにいたいとは思わないでしょう。機嫌の良い人や明るい人のところには人が集まります。だから、あなたも自分で、機嫌の良い自分でいられるよう心がけることが大切です。

でも、機嫌良くしなければならないと頑張っても、それはなかなか難しいことです。コントロールに努めるのは機嫌ではなくて、使う言葉です。良い言葉を選んで使うのです。日が沈みそうだったら、東の空に残る青空を見て「今日はいいお天気だったな」と言います。楽しいこと、うれしいことに焦点を合わせて、良い言葉が自分の中にいっぱい溢れるように、普段から気を付けて使うようにします。そして、その言葉を他の人たちにもかけてあげます。

それから、たとえばいつも上から目線で叱りつけてくるご主人がいるとします。そうすると、叱られるあなたは「なんでまた上から目線なのよ」「もっと優しく話してくれれば良いのに」と思うわけです。嫌だなと反発する気持ちと、こうしてくれたらいいのにという期待の気持ちが、大抵は同時に湧き起こってくると思います。

嫌だなと反発する気持ちというのは、人間だから起こるのは当たり前で、それはそっと脇へ置いておきます。それを相手に伝えても状況は恐らく好転しないからです。そうではなくて、相手に期待していることをどうやって伝えるかということを考えるのです。たとえば、相手が受け取れそうなときに、「あなたって優しく、本当に平等に対等に私にも話をしてくれるものね」と言うのです。そうすると、ご主人はだんだんそういう人になっていくのです。言葉というのは大きな力を持っているのです。

これは、自分で自分をある程度訓練して、ようやくできるようになることです。カッカと怒りを感じてその思いに飲み込まれてしまうと、「あなたっていつもそうなのよ！」と、口の悪い自分が飛び出して来て相手との良い関係を築く芽もつぶしてしまいます。そうではなくて、「そういうような言い方でなく、対等な立場で優しく語りかけてほしい」という、自分の中にもうひとつある、相手に期待する気持ちに焦点を合わせるのです。

相手が穏やかで平和な言葉使いをしてくれているときに、すかさずそのタイミングを捉えて、自分の気持ちを伝えるのです。穏やかでいてくれることを当たり前としないで、そうしてくれることがどんなに私にとっても喜びであるかということを伝えるのです。「あなたって本当にこういうふうに優しく、私と対等な立場で話してくれるのね」などと言うと、相手もその言葉から「あ、こうすればいいんだな」と学んでいきます。

だから、人間関係というのはあなた次第です。とくに家族の間での人間関係は、まさにあなた次第なのです。人間関係を良くしていくということは、あなたから始まります。臨終の際に親族に「ありがとう」というのも素晴らしいことなのですけれど、そんな土壇場を待っていないで、普段から家族に感謝をし、その感謝を伝えていくことが良いのではないでしょうか。

小さなことも見逃さず、具体的に取り上げて、「ありがとう」と言ってみる。当たり前にやってもらっていることにも、その都度「ありがとう」と言ってみる。そして、相手の良い所を見つけるたびに、それをほめてみる。

考えてみてください。人類の長い長い歴史の中で、あなたが選んだ相手はたった一人なのです。その人に悪いことばかり言って一生を過ごしたら、それはなんともったいないことでしょう。マザー・テレサもよくおっしゃっていました。「身近な人を大事にしなさい。あとたった一回しか微笑むことができないとしたら、それを道端で出会う人にではなく、その最後の微笑みを家族に与えなさい」と。

家族を大事にして、家族に良い言葉を伝えていくのが大切だといっても、家族だけが大事だという意味ではありません。家族につながるたくさんの人たち、そしてさらに外側につながるもっとたくさんの人たちにも、同じように広い温かい心をもって接することです。そうすれば他者との絆もより深まっていきます。

このことを心がけて努めていれば、最初はその変化に自分ではぜんぜん気づかないかも知れませんが、半年もすると周囲の人間関係が変わってきます。二年もたつと、もう当たり前になっていて変化だと思わなくなるかも知れません。しかし、ふと立ち止まって昔を振り返ってみると、こんなにも変わっている自分、こんなにも変わっている人間関係に驚くでしょう。

子供同士というのは結構喧嘩します。それがやがて大人になると恋愛時代が始まります。恋愛感情に浸っていられる本当の恋愛時代は三カ月間といわれています。二人で仲良く過ごせる期間は三年、長くもって六年と言います。その後に訪れるのはよく喧嘩する時代。それが過ぎて年寄りといわれる更年期を目前にすると、また仲良しになっていきます。

そのときには、もう相手のことも結構わかっています。あの人とはこういうように付き合えば良いという知恵も働きます。お互いに良いところを見つけ合って「ありがとう」と言い合う関係にもなります。恋愛時代とは違いますけれども、また良い時代が始まっていきます。

その最後に訪れる良い時代を目指して、二人が衝突して葛藤している時代にも、葛藤だけに振り回されないで、お互いの良いところを見つける練習をしていくことが大事です。そして年を取った後は、二人をつなぐのは二人の楽しい思い出だと言います。楽しい思い出の共有は人と人をつなぎます。だから、今のうちに意識して楽しい思い出をつくっていくことも大事です。

思い出を良いものとするか悪いものとするかは、生きていく態度でも決まります。些細な日常でも、ニコニコしながら、「今日は本当に良い日でした。楽しい一日でした」と言えるように、自分を訓練していくことも大切だと思います。

人のためになる行動を

野口法蔵

私が五体投地に取り組んだり、いろいろと修行をしているのは、悟るためというよりは人のために行動するためです。そのためには、信仰的な体を獲得することが大事であると考えています。

河口慧海も同じようなことを考えていたのではないかと思います。河口慧海は鈴木大拙の先輩にあたります。パーリ語の素養があったのでスリランカ行きを勧められますが、本人はチベット行きを選びます。河口慧海が信仰を獲得する重要性を感じて、信仰に至る鍵がチベットにあると察したからなのではないかと思います。テーラワーダ仏教に信仰がないということではありません。仏陀に対する信仰はありますが、何か物足りなさを感じたのだろうと思います。

僧侶と一般人との間に確実な格差があるのがテーラワーダです。一般人が一時出家をして僧侶の生活を体験できる仕組みはありますが、僧侶から人々に対して慈悲をかけるといっても、戒律上具体的に動けないシステムがある気もします。

かと言って、少し前に注目を集めた「行動する仏教」(エンゲイジド・ブッディズム)が良いとは思いません。行動の仕方の問題ですが、慈悲の心を持つということと社会運動とは違うのではないかと思います。集団化して良い方向に進んだということを、まず目にしたことはありません。集団化しない方が良いと思います。

かなり以前の話になりますが、じつは私は今はもう存在しない有名な宗教団体からスカウトされたことがあります。当時から私は、集団化するところには参加しないと決めていて、その話には乗りませんでした。一般的に、人は集団化していけばいくほど本来の目的から離れて行動が歪んでいくように思われます。巨大な組織に取り込まれていかないのがいちばん良いのです。

個々の修行をきちんと極めていく方が、結果的に社会に対しても伝わっていくものがあるのではないかと思います。古来から、自分の呼吸をきちんと整えていけば伝えたいことはすべて伝わるともいわれています。そのような呼吸から始めてみるのもひとつです。

第7章

これでいいのだ

日課としての五体投地

野口法蔵

五体投地について、信仰のある肉体をつくるという意味で私はとてもいいと思って続けています。どの宗教にしてもそうですが、体を使う行をすることは、心を「無」あるいは「空」の状態に導いてくれるので、取り組みやすいものです。とはいえ五体投地は、体力的にそれほど長時間は続けることができないので、体を休めている間に坐禅をすると、肉体を使う行としては、簡単で優れたものとなります。

禅には作務と呼ばれる作業もありますが、ほとんどの時間を坐っているので、肉体的に太った人も出てきますし、筋肉が衰えるという問題も出てきます。やはり体を持っている以上、筋肉や肉体を衰えさせてはいけません。五体投地は非常にいいストレッチ、運動にもなるわけです。

五体投地はゆっくりやると、大体百八回で三十分です。これを一日に十回くらいやりますから、一日に千八十回はやっている計算です。五体投地を日課としてやり始めてから継続して二十九年が過ぎ、今現在三十年目に入っています。五体投地の合計は七百万回以上になるでしょう。恐らくチベット人でも生涯にそこまでやる人はなかなかいません。チベット人に話すと「すごい」と感心されます。

チベットでは聖地までの道のりを五体投地をしながら進むという巡礼のやり方があります。チベットの区都ラサから聖地カイラーサまで行くのには、五体投地が百万回必要です。今のやり方は少し歩いて前にすっと滑ったりするので百万回しなくても行けますが、昔からの正式なやり方は、自分の立ち上がったところから三歩歩いてその位置から次の五体投地をするというもので、このやり方だとカイラーサまできちんと百万回かかります。

身長に手を伸ばした長さを加えて二メートルくらいになりますが、これを百万回繰り返すことで二千キロメートル進むことになります。今の、ともすると十メートルくらいは一回で進んでしまうようなやり方はどうかと思います。早く着けばいいというものではありません。私は実際にカイラーサまでの道のりを五体投地で進み切ったことはありませんが。それに相当する回数の五体投地をやろうと思い実践しています。

がんなどは少し違いますが、多くの難病、たとえば肉体は動くけれども最後には必ず失明するといわれている病気や、治癒が極めて困難といわれている膠原病《こうげんびょう》などにかかってしまった人には、五体投地を勧めています。まずは断食をして呼吸のコツを会得してから、毎日取り組むこととして坐禅、そして余裕があれば五体投地をやると良いのです。単にチベット体操と思ってやっていただければ十分です。腸が刺激されて腸の働きも活発になります。

一日の目標をトータルで百八回とすると良いでしょう。何回かに分けてやっても良いのですが、ただしその日のうちにやる必要があります。今日の分を明日に持ち越すことはできません。一日過ぎてしまうとそこでゼロに戻ってしまうというルールです。百日間で一区切りと考えられていますので、始めたら百日間は続けたいものです。もし百日間続けられたら状況は必ず改善すると、私はみなさんに言っています。それを保証してくれるならと言って実際に取り組んだ方も何人かいます。やってみると、覚醒したとまでいえるかどうかはわかりませんが、みなさん何かに目覚めます。

五体投地を日課としてできるようになって、その数が十万回くらいになってくると、途中で中断せずに持続できるようになります。体が慣れてくるということでしょう。そこまで早く慣れるように何回かに分けてもいいので一日百八回という目標をとにかく達成していく。そこに坐禅も加わるとなお良いです。坐禅も何か自分なりの工夫が加わると早く上達していきます。

復活を繰り返す五体投地

野口法蔵

今の私の生きるテーマは、「いかに信仰を深めるか」ということです。ここまで生きてきて三十数年くらい行をやってきたので、求めるべき残されたものといえばこのことだろうと思います。三十一歳から五体投地をしていますが、六十歳の今がいちばん体力があるのではないかと思います。

五体投地ができなくなった時期もありました。しかし、それぞれのタイミングで気づきをもたらす出来事があり、できない時期を乗り越えることができました。

一度目は十四年前でした。当時はとても苦しみました。熱が出て下痢が起き、背骨が痛み手も上がらず、体の節々が痛むのです。ちょうどインドに行っていた前後でしたから、何か悪い菌に感染してしまったかと思い、早く病院にかかって抗生物質でも処方してもらわないといけないのかと考えました。

そのとき、精神科医の越智啓子先生が、「それは前世であなたが象に背中を踏まれて処刑されたことによるカルマよ」と言ったのです。私はそれを聞いた瞬間に、不思議と「へえ」と納得してしまい、それから急に体の具合が良くなりました。五体投地も前と同じようにできるようになりました。

越智先生によると、処刑された理由は、当時奴隷であった私が、仕えていたお姫様と駆け落ちしようとしたからでした。駆け落ちに失敗して捕まり、象踏みの処刑に遭ったというストーリーでした。そして「そのときのお姫様が今の奥さんよ」と言われました。その話を聞いて以来、私たち夫婦の関係も変わりました。それまでは妻に対して、少しムッとすることや、気が利かないなと思う部分もあったのですが、「お姫様なら仕方がない」と思い、それですべてが楽になりました。そして、五体投地で両手がパッと上がるようになり、足踏み状態にあった境地をクリアすることができました。

それから二度目は七年前のことです。五十代になって年齢を否応なく感じるようになり、次第に五体投地が困難になってきました。その折にラダックへ赴く機会があり、八十歳になる師匠が五体投地をする様を見て、また五体投地をする力を取り戻すことができました。

師匠は幼少の頃から修行生活を送っていて、お寺からまったく足を踏み出したことのない人です。そのお寺では夜に自由瞑想の時間があります。自分の部屋で瞑想する人もあれば、経行のように夜中にお寺の周りを歩いたりする人もあります。思い思いに自由に坐ったり歩き回っていて、日本の禅宗のように規則的に行うものではありません。部屋からみんなのそれぞれの行動が見えるので、私も久々にそこに泊まって見ていたのです。そうすると、本堂を取り囲む石畳の上で師匠が五体投地を始めたのです。月夜の、もうすぐ二時になろうかという時間です。

八十歳の師匠の石の上での五体投地ですから、よろよろそろそろとなさるのかと思ったら、とてもスピードのある五体投地でした。どこかがぶつかったら骨でも折れるのではないかと思うほど、とにかく速い、とてもエネルギッシュな五体投地でした。それを見て、私は何か極意に触れたような気がしました。食べなくとも、体力を消耗しなくとも、湧き上がってくるようなある種のエネルギーのようなもの、それが師匠の姿から理解することができました。そして、その夜から私の五体投地も復活しました。

三度目は昨年のことです。五体投地というのはとても体力を必要とするもので、どうしても体がついて行けずに悲鳴を上げてしまう時期というのが来てしまうようです。こう言っては驕《おご》っているようですが、恐らく五体投地の二百万回は、千日回峰行の一回分くらいに匹敵するのではないかと思います。この昨年の不調も不思議なご縁で乗り越えることができました。

シスターのお弟子さんだった方の旦那さんが、ご夫婦で私の坐禅断食会に参加しました。かつて上場会社の社長をしていた方で七十歳を超えていましたが、坐禅断食の指導者になりたいとおっしゃいました。私は「七十代の方には無理ですよ」とお話ししましたが、その方の意志は固く、禅堂に入って僧侶になるともおっしゃいました。

禅堂には社会人枠のようなものがありますが、体力的に厳しい修行があり、せいぜい五十代くらいまでの方を対象にしていました。しかしその方はどうしてもと希望されて、禅堂でも七十五歳の最高齢で修行のプログラムをこなし、遂には僧侶となることができました。しかし体に相当のダメージがあったと思われ、残念なことにその方は修行を終えてすぐにがんになってしまいました。そして容態は急激に悪化して、いつ亡くなってもおかしくない状態に陥ってしまいました。

その方は禅宗の僧侶の資格を得たとはいえ、元々はクリスチャンでした。クリスチャンの場合は、これから亡くなろうとしている人は天国へ行って神様にすぐに会うことになる人なので、神様にこう伝えてくれというメッセージを託せると考えるのだという話を聞きました。だから亡くなる人がまったく縁のない人でも、その枕元に行きたがるのだそうです。つまり、死んでいく人のそばに行くということは嫌なことではなく、知らない人であっても神様に自分の願いを持って行ってもらえるということです。この発想は面白いと思いました。輪廻転生を超えていると一瞬思いました。

私はホスピスの活動も長く行っていましたが、やはり死んでいく人のところに行くのは気が重く、できれば行きたくないと思います。葬式もあまり好きではありません。チベットの死者の書『バルド・トゥドル』を枕頭で唱えるチベット式葬礼の際には、魂がすぐそこにいますし、本当に魂が動く姿がそこに感じられる中でやることになります。日本の僧侶のように気楽に葬儀ができないのです。

それはともかく、その方の枕元へ行って『バルト・トゥドル』も少しやりました。そしてお清めもして、最後に私もクリスチャンの習いに従って「私は今、五体投地ができないので、向こうに行ったら神様に五体投地がまたできるようにお願いしてください」と言いました。その方はその日のうちに亡くなったのですが、数日のうちに私の体力が蘇って五体投地が復活しました。そして今、私の中に最高の体力が宿っていることを感じます。願いが叶ったというか、何というかです。

これが他力に関わるかどうかわかりませんが、それほど自分を過信しても仕方がないので、何かお借りできるものがあれば、願いを込めてお借りしておけばいいだろうと思っています。そして誰かをお助けできる場面に出会えば、お借りしているものをお返しするような気持ちで、人をお助けして恩返しできればいいと思っています。

死ぬ目的に向かって生きる……野口法蔵

私が二〇一七年に出した本のタイトルは『オンマニベメフン――「生きる」意味を求めて』ですが、本当にその通りだと思います。結果は出さなくてもいいのです。ひたすら生きる意味を求めて生きていれば良いのではないか、という気がします。

ホスピスなどに関わってきて、私は大勢の医師の前でお話しすることもあるのですが、そういう場で医師のみなさんに向かって、逆に「死ぬ目的は何でしょうか」と聞きます。実際に現場でも、医師や患者に向かって「死ぬ目的を持っていますか」と問いかけたこともあります。生きる意味、生きる目的という話はよく耳にすることも多いと思いますが、死ぬのに目的があるのだろうかということです。もし、それを心に思い定めることができれば、楽に生きられることになるでしょう。

目的というのは、次の段階があるからこそ持つことができます。生きて終わりになるのなら、生きる目的は生まれません。死後の世界を想定するからこそ、生きることの目的を探すことになるのです。死んでまたその次の生を信じるからこそ、死ぬことの目的を考えることができるのです。

本当の目的というものは、知ることはできないのかも知れません。しかし、自分でこうであろうという目的を決め、仮のものであってもとりあえず設定し、結果を求めることなくそれに向かって進んでいけば良いのではないかと思います。今年生きる目的、今月生きる目的、今日生きる目的、今この瞬間を生きる目的を、仮に設定して乗り切っていけばいいのだと思います。

私はとりあえず毎日、今日生きる目的は五体投地を千八十回することなのだと設定し、そしてその一日を全力で取り組んで、終わったときには結構な達成感を覚えます。今の私の課題、生きる意味は、今よりももっと信仰を深めていくことなのです。

これでいいのだ

野口法蔵

今まで説明してきたような「これはやめた方がいい」「これはやった方がいい」という実践に基づく知恵をいろいろ試していきながら、みなさんそれぞれが自分自身の工夫を重ねながら行をしていきます。そこまできたら、そこから先はまさに、私の著書のタイトルにもある「これでいいのだ」です。

つまり、いい意味での他力です。何かにすべてを任せきるということです。自分でどうにかしようとしても、どうにもできないことがいくつも残ります。それはもう、任せきるしかありません。誰かに采配してもらうというのでもなく、自分自身の存在からも切り離して、何者かに「任せた」ということになる。念仏の精神もみなこれです。

そのような心構えができた人は、素晴らしい境地に至ることになります。努力や苦しみから離れた楽な状態で、あらゆるものが明らかになって、そして「あきらめること」ができるという状態になります。私はそれを「これでいいのだ」と表現しました。いろいろな言い方があるでしょう。「いつまで人間をやっているのだ」という言い方もあって、「え？　そうか、私は人間をやめたのね」と思ったり、「やめて何になるの？」「石になる」「石はいい。たぶん痛くないし」などと思ったり。それを公案のように頭の中でやるのではなく、本当に石になるのです。スリランカのヴィパーサナをやったときには、実際に私自身が「石になったら痛くもないし暑くもない。私は人間をやめて石になる。私は石なんだ」と、心の底から思いました。

ですから、たとえば今自分ががんになったとしたら、悲観していろいろなことを考えるでしょう。でも、もし自分が石だったら悲観はしません。石は死なないからです。輪廻転生の本質とはそういうことです。不滅の命ということです。何かに生まれ変わるという期待を持つというより、自分が石のように不滅な存在、死のない存在になるということです。

附章

坐禅と断食

体へのアプローチは坐禅がいちばん

……野口法蔵

体に介入するには、私はどんな方法よりも坐禅がいちばん効果的だと思っています。しかし、工夫は必要です。坐禅にはとても長い伝統がありますが、ただそのまま曹洞禅や臨済禅をやっていても、肉体も変わらなければ、精神的にもそう悟った人が出るわけではないだろうと感じます。それが、私がさまざまな宗教宗派を巡り巡って得た結論であり、体の改善には坐禅断食がやはりいちばんだと思っています。「衆生無辺誓願度」すなわち、すべてのものを救うことができるのは唯一、この坐禅断食かなと思います。

体の中でも、やはりまず腸に注目します。体の内側を変えることによって脳も変わります。体調が変われば人は変わるということです。インドの格言に「心のことをやるには体から」というのがありますが、このことを言っています。

現在ではこのような考え方を採る優秀なカウンセラーの人たちが増えています。アメリカのカウンセラーでも、クライアントをバランスボールに乗せてカウンセリングを行ったり、足を触って反射反応を見ながらやる人もいます。精神的な疾患に対して今いちばん治療効果を上げているのは、そういう人たちです。体の中の脳や神経に精神がつながっているということが、昔からある右記のインドの格言に示されています。ですから逆説的ですが、心を治すには体から刺激した方が早いのです。

修験道で行われていることは興味深いものです。修験の本山、吉野山のようなところでも私は断食の指導をしていましたが、修験には千日回峰行を超える距離や速度で、もっと条件の厳しい環境でさらにハードに行う行《ぎょう》があります。それをこなすには肉体の限界を超えなければなりません。そして、肉体の限界を超えるためには精神が変わることが必要です。精神が変われればできるというアドバイスで、その行をやり遂げた行者さんが実際にいらっしゃいました。

千日回峰行の二倍くらいの速度で走りますから誰もそんなふうに走れないし、どんなアスリートもついて行けません。その行者さんは非常に少食でした。そのハードな行は千日回峰行のように毎日お寺に戻るのではなく、寝るときは山の中でそのままバタッと倒れ込んでそこで寝ます。そしてパッと起きてまた走り出すというようなことを連続でやります。食べるときも走りながらです。

そんな天狗にしかできないような行ですから、トライアスロンをやる人でも、山マラソンに出る人でも一日さえもついて行けません。アップダウンが極端で岩場ばかりのところですし、ほとんど手を着かないと上り下りできないような傾斜のところを暗いうちから走るのです。一度足を踏み外したら、転落して骨折の大怪我を負うでしょう。岩の位置が暗がりでも見える能力もなければなりません。そのような行すら、実際にやり遂げる人はいるのです。

腸を働かせて健康になる坐禅断食

……野口法蔵

私が指導している「坐禅断食」は、基本的には、ブッダも体験したアーユルヴェーダの発想に基づいています。始めてから三日間で終了する、断食としては短いものです。ちなみに断食の歴史は古く、インドでは三千五百年と言われており、それが中国に渡り日本に伝わって、日本でも修験道の中に入って千五百年の歴史があると言われています。

断食の効能を考えるにあたり、古くから「宿便」というものがキーワードとなっています。人間の腸の中には「宿便」というものがあり、断食によってそれを体外に出すことを目指します。それができれば単に肉体的な健康にとどまらず、心身ともに健康になるという考え方です。いかに「宿便」を出すかということに焦点を当てて、断食のさまざまな方法が考案されてきました。

その「宿便」ですが、これは医学用語ではありません。医学界では「宿便」というものは存在しないと長らくされてきました。しかし最新のアメリカにおける研究では、「宿便」というものはやはり存在するとされて、注目を集めています。この「宿便」とは、溜まっている便ではなく、いちばん長い消化器官である小腸の中にある、粘液の一種だということです。粘液ということですから、液体状のねばついたものですが、その量は体重六十キロの人で約四キロにも及ぶということです。この「宿便」が栄養の吸収を阻害するので、「宿便」を出すことによって栄養の吸収率が高まり、少食でも満足するようになってきます。そして腸の働きが活発化して、血流が良くなります。

「腸脳」という言葉が最近使われ始めましたが、腸は脳とは別に、独自に体内のさまざまな器官をコントロールする能力があるということです。その腸の働きが悪いと体の免疫力が落ち、神経系統のバランスも崩れます。腸は体の働きの大きな要であり、だから病気の原因の多くが、腸の働きの不調によるものではないかと考えられ始めているのです。

アメリカの医療機関の研究では、現代人の多くが慢性の消化不良に陥っており、昔の人に比べて栄養の吸収力が落ちているとのことです。だから、良いものを食べても排泄される割合が多く、排泄されればまだ良いのですが、排泄されないと腸内にそれが残留します。そこからガスが生ずるなどして毒素が発生し、偏頭痛などのさまざまな症状を引き起こす原因となります。

従って、腸を働かせ、宿便を排出することで、現代人を悩ませる多くの症状が改善します。

アレルギーもその良い例のひとつです。食べ物によって腸が傷ついた場合、その傷から抗体が入ることでアレルギーが発症すると言われています。腸の傷は、本来であれば皮膚同様三日間あれば回復しますが、食べ続けているとなかなか治りません。腸の働きを良くして新陳代謝を高め、一旦食事を止める。そうすることでアレルギーも治りやすくなるのです。食べ物が腸を傷つけるということは、固いとか、尖っているとかではなく、質の悪い食べ物、有害な食べ物が腸にダメージを与えるということです。そういうものを体に入れないことが大切になります。

「宿便」といわれる腸の粘液が、どういうときに増えるのか、興味深い事実があります。それは、悪い食べ物が腸に達したときではなく、それが口に入った瞬間に増えるというのです。動物には本来驚くべき能力があり、毒草などの有害なものは食べません。食べる寸前にその臭いなどで察知します。人間はこの能力が他の動物に比べて弱いのですが、それでも、口の中に悪い食べ物が入った瞬間、それを呑み込む前に毒であると察知して、それを吸収しないように小腸の粘液が増加するのです。脳を介さずに舌と小腸とがつながっているのです。

現代においては食品添加物や合成保存料、農薬や化学肥料といった、数多くの化学物質が食品に含まれるようになり、小腸の粘液が増加する場面が多くなっています。そのために「宿便」の影響は大きく、それを取り除くというのが断食の目的です。

断食を実際に体験するとよくわかりますが、宿便が減少して腸の働きがよくなると、神経系統の伝達も非常にスムーズになります。それは自覚することができます。脳がすっきりして、悩みも小さく感じられます。決断も速くなります。神経細胞のシナプスの触手がよく伸びて、情報の伝達がされやすい状態になってくるからです。

逆にそれが縮んでくると「鬱」の症状が出て来ます。鬱というのは脳と神経の伝達が悪い状態です。ですから、鬱も腸の働きの悪化から引き起こされる病気であると言えます。実際に断食で宿便を出すと、精神疾患が改善される例が多く、腸との因果関係を裏づけています。

ただ、宿便というのは、そう簡単には出て来ません。いろいろな人が試みてきましたが、五日間の水だけの断食をして、二人に一人が半分くらいの宿便を出すのに成功するというのが、今までの多くの例でした。絶食によって腸管を空にすることで宿便を取ろうとしたわけですが、やはりこれだけでは不十分だったわけです。

私たちの「坐禅断食」が三日間で宿便を出せるというのは、腸管が空になるのと並行して、腸の自律的な蠕動《ぜんどう》運動を促すためです。その鍵となるのが、断食しながら行う坐禅です。

坐禅と似たものに瞑想がありますが、この二つには大きな違いがあります。最近、脳波以外に、交感神経と副交感神経の作用をそれぞれ計測できる機器が開発されました。従来は相対的にどちらの活動が優勢かということしかわかりませんでしたが、新しい機器ではそれぞれの活動の大きさそのものが測定できます。緊張するときに働く交感神経と、リラックスするときに働く副交感神経の活動が、それぞれ個別に測れるのです。

瞑想では、副交感神経が活動してリラックスしていますが、交感神経の活動はありません。寝ているときと同様のリラックス状態が生まれます。しかし、小腸の蠕動運動というのは交感神経の活動がないと起きません。リラックス状態では動かないのです。リラックスしていて適度に緊張している状態のとき、小腸はいちばんいい動きをします。この状態が現れるのが坐禅をしているときなのです。機器で計測するといちばんいい値が出ました。坐禅断食は、普通に断食する以上に宿便を取りやすい断食方法であるということがこれでわかります。

最初からこの論理がわかっていたわけではありませんが、坐禅を取り入れての断食に効果があることを実感し、三十年間にわたってその指導を続けてきました。今は私以外にも二十名の指導者がいます。そのうち三分の一くらいは医師の方です。参加者にも医師が増え、医療機関でこの方法が使われることも増えてきました。それくらい、顕著な効果があるということです。今では私のやり方を採る断食道場が、全国で二十カ所くらいあります。

坐禅断食をすることによって体質が変わり、ものの考え方が変わります。また、人間本来の味覚を取り戻すということにもつながります。人間本来の敏感さが発揮されれば、体に良い食べ物も自分でわかります。今は食べ物の能書きを鵜呑みにして、思い込みや刷り込みで食べていることも多いでしょうが、本当に良いもの、おいしいものを、自ら感じ分ける能力が大切で、それを磨くことに断食は非常に役に立ちます。

糖尿病の人は、断食体験後に八割以上に病状の改善が見られます。このような生活習慣病の改善は、その人の味覚が変わったことによるものが大きいと思われます。そして良いものを食べ、少量でも満足できるようになるといった変化につながります。

断食を契機にして、食べ物との関わり方も変わってきます。食べ物への感謝が深まります。いろいろと頭で考えた理屈で、これは良い食事、これは悪い食事と判断している場合がありますが、頭で食べるのではなく、食べ物にまず感謝して、自分の体の声を聞きながら食べるということが大切なのではないでしょうか。断食とは、そういった生き方、食べ方の出発点になります。

坐禅の快感

野口法蔵

断食会にはそれぞれの特色がありますが、私の断食会では坐禅が深くなったときの快感を知ってもらうことを目的としています。坐禅を精神的な面だけではなく、肉体を変えるものとして取り組むということです。

そう提唱したのは今までただ一人、江戸時代の臨済宗の僧侶、白隠だけです。当時、坐禅と信仰とは不可分のもので、人は信仰から坐禅し、坐禅して信仰を深めていました。白隠は、坐禅を工夫して瞑想法を編み出し、自分の病気も人の病気も治しました。白隠の著書には病気の症例集があり、三十数例が挙げられています。

私は白隠のように坐禅を用いたいと思い、断食という方法を採りました。断食の方法はインドで学びました。断食の明け方（断食を終えて、最初に何を口にするか）は私のオリジナルではなく、仏陀やガンジーも実践した古来のやり方です。食べ物を食す前に、残っている便を出すために、まず下痢を起こさせます。そのために今は梅干しをお湯で割ったものを大量に飲みますが、インドでは梅干しではなく塩、そして後代にはニンブーという小さいインドレモンに塩を使っていました。

断食会は新潟大学医学部の申し出がきっかけでスタートし、断食中の脳波を測定するなど、最初から医学的な視点がありました。やがて、生菜食の少食療法を提唱する甲田光雄先生と出会い、断食や少食によって宿便を出すと、体質が変わることに気づきました。

ところで、体質改善という意味では、食事療法をしても変わる人と変わらない人とがいます。その違いは、食事を変えることによって、その人の思いや心がけを変えることができたかどうかによります。体質を改善するには、体から入って心を変えて、そして体を治すという手順を踏まなくてはならないのです。

断食会を始めたときは、仏教の「接心《せっしん》」のイメージがあったので、七十二時間の断食断水で、断食中の坐禅の時間も今の倍の十時間という厳しいものでした。接心とは、お釈迦様が断食断水断眠で七日間坐禅し、八日目の朝に悟ったという修行で、さまざまな宗派がそれを修行のモデルとしました。禅宗はなるべく眠らない坐禅のスタイルを、天台宗や真言宗は断食を修行に取り入れました。千日回峰行には寝ない、食べない、飲まない、横にならないの四無行があります。

ただ私の断食会では健康な人だけでなく、病気の人の参加も増えてきました。水を摂らないのは危険だという甲田先生の指摘もあり、断水はやめました。さらに体力のある人も、ない人も取り組めることとして呼吸に意識を向けてもらっていると、宿便の出方も合宿後の体調も良いことがわかりました。そこで、断食の間は坐禅に集中して取り組むことにしたのです。

一回の参加者が三、四十人と増えていくと、呼吸の浅い人も、他の人につられて呼吸が深くなります。合宿後も全員宿便が出るのは、みんなで坐禅をすると、いつの間にか、吸う息、吐く息が一緒になり深まっていくからです。

なお、一人で坐禅するときは、自分の呼吸を吸うのがお勧めです。壁を向いて坐禅すると、吐いた息が壁に当たって戻り、自分の息を吸うということになります。呼吸の浅い人はマスクをすると良いでしょう。次第に呼吸が深くなりますので、時間の意識がなくなるまで工夫を重ねてください。

仏教の経典には、呼吸によって病気を治す方法を解説したものがあります。その経典『治禅病秘要法』には、肺、消化器、循環器など、臓器ごとにどのような呼吸と体の動きが望ましいか、たくさんの方法が述べられています。昔は人体を五大要素――地水火風空で構成されると考えたので、その解説を現代の病気に当てはめるのは難しい面もありますが、ただ、このようなお経が現存するというのは、呼吸によって病気が改善された実績があるからでしょう。

データに裏づけられた工夫……野口法蔵

断食指導を始めてから三十年がたちます。私の断食は人数が多く、中でも医師の参加が多いのが特徴のひとつです。断食治療で高名な医師の甲田光雄先生の断食でも、医師の方はそう参加されてはいません。ところが私の断食には、研究機関や病院の先生や医科大学の教授など、百三十人くらいの医師が参加しました。

そうした関係から、いろいろなデータ収集に協力したこともあります。坐禅によって脳波がどのように変化するのか、体がどのような影響を受けるのか、坐禅をどのように行ったらどのような変化が体に起こるのかというようなことについて、データが集まりました。これについては臨済宗の大会で講師として少しお話ししたこともあります。悟りについても科学的に言えることがあり、こういうことに注意をするとこういう効果があるというような、いくつか知っておいた方がいいこともあります。初心者もこれらの知識を踏まえて実践するといいでしょう。

まずは体勢についてです。目を開けて、背筋を伸ばし、動かないで呼吸をする。これは大事です。目をつぶると副交感神経が優位になってしまい、瞑想や睡眠に近い状態になります。そうすると腸の動きが鈍ります。腸は自律神経の支配を受けているので、目を開けていること、とくに視線は一点に向けて動かさないことが、交感神経の働きを上げて腸の働きを活発化するポイントです。

そして小腸の蠕動運動が大きくなると、神経伝達の能力が高まります。脳のシナプスもそうですし末梢神経も同様です。そうすると血管の血流が増します。血管を通じて末梢の神経まで血液が行き届くようになります。末梢の血管は末梢の神経のコントロールを受け、神経が血管の周りに絡んでいるような構造になっています。神経が血管を閉めたり開けたりして、血液の流量を調節します。その開閉ができないと体温調節ができないわけです。末梢まで血液が流れていくということは、血管自身にとっても神経の伝達にとっても相互に良いのです。

脳の神経の伝達が良いと、脳の電気信号の流れもスムーズになります。ストレスがあると脳の情報の流れが滞って、脳にバチバチバチバチと火花が舞っているようなショート状態になります。バチバチが続くと、だんだんとヒートアップして熱を持ってきます。頭が痛いとか頭が熱いとかいう自覚も表れてきます。「頭を冷やせ」という言葉がありますが、こういう状態のときのことをいうのでしょう。

そして、神経のショート状態が続くことに耐えられずに、神経作用にブレーキをかけてしまうのが「鬱」状態です。神経の伝達が良くなり情報がスムーズに伝わると、脳がヒートアップすることがなくなるので決断や問題解決のスピードが上がります。考えなくても答えが見えてくるような状態です。

本来、坐禅が目指しているのもそのような状態です。そのためには目を開けているということが重要なのです。ここが坐禅と瞑想の大きな相違点です。視線や体が動いてしまうと、神経の伝達が妨げられるので動かないようにします。もっとも重要な神経伝達のラインは背骨に沿って走っているので、そこが伸びていることが大事です。坐禅断食の参加者のみなさんはこの点はきちんとやっています。

その次は呼吸についてです。よく言われているように、口を閉じて鼻から息を吐いたり吸ったりする呼吸で良いと思います。通常の只管打坐《しかんたざ》ではただ呼吸しているだけですが、たとえばジャイナ教のように、体が消費するエネルギーを少なくするために、いかに遅く呼吸をするかを工夫しているところもあります。そうなるとまた呼吸も変わってきます。

効果的に坐禅をすれば体温が上がる

野口法蔵

私たちの坐禅で得られたデータによれば、先ほど述べた体勢で一分間に四呼吸、五秒で吸って十秒で吐くというリズムを保ちながら二十分以上この呼吸を持続できれば、交感神経がもっとも良く働くようになります。

そして従来は、交感神経の働きが高まれば、副交感神経の働きは抑えられると考えられてきましたが、最近の計測機器による測定ではそれと異なる事実が明らかになってきました。すなわち、交感神経と副交感神経の働きは、両方とも下がることもあれば上がることもあるということです。

つまり、両方とも働きが上がっている状態とは、交感神経の作用で体がいい意味で緊張しているのに、副交感神経の作用で脳はリラックスしているということです。この状態になったときに、悟りという出来事と同じことが起きるということです。

ですから、今まで松の枝を揺らす風の音や小石が竹に当たる音、カラスが飛び立つ羽音などを聞いて、何々禅師が悟ったというような仏教の逸話がいろいろ伝えられていますが、想像するにこの状態ではないかと考えられます。この状態を意識的につくっていけば「悟り」というものに到達しやすくなります。それには短くても良いので坐禅をすることが有効です。

坐禅を続ける時間は二十分であっても一時間であっても、今のところデータを取ってみると効果はあまり変わらないようです。ただ二十分を切ると効果があまり見られないので、時間は二十分以上が望ましいです。そして呼吸数は一分間当たり四回、二十分であれば八十くらいの呼吸数で抑えられれば、とても効果的に坐禅をしたと言えます。可能であればそれよりさらに遅く呼吸しても良いでしょう。

このような坐禅を会得しておくと、チベットの極寒の中でも自分の体温を上げることができます。血流が増すので体温が上がるのです。また血液中には赤血球や白血球、血小板などの免疫力を司る成分が含まれ、活性力を血液によって体の隅々にまで運んでいると言えます。血液の循環が活発であれば、病気の予防や改善をする力が出て、精神的な疾患であっても好転することがあります。

坐禅の効果を測る上で、ひとつの目安となるのは体温です。〇・〇一度ぐらいまで測れる体温計で、坐禅の前後で自分の体温を測定して比べてみて、体温が上がっていれば効果的な坐禅ができたと言えます。〇・三度とか〇・五度の幅で体温が上昇していれば、とても集中できたということになると思います。○・三度体温が上がっていれば、測らなくても自分で感じます。手が熱く感じられます。そういうことをして、チベットの寒いお寺では凍傷を防いでいました。

このレベルに達すると本当に坐禅が身についていると言えるでしょう。日本のお寺で冬の接心をやっても寒いとは言いますが、寒さのレベルが違います。日本で坐禅の修行をしていても、誰もそこまでのレベルになっていないでしょう。

坐禅には菜食がいい…………野口法蔵

食べ物でも体温を上げることができます。私はローフード（生食）の会に参加することがありますが、そこにはアメリカで活躍しているローフードシェフの池谷玲子さんという方がいて、火を入れない野菜だけの料理を作ります。火を入れないことで酵素食という腸内菌を最高に増やすための食事にするのです。池谷先生の料理を食べると体が冷えたりせず熱くなってくるのです。

それは甲田光雄先生が指導していた昔の玄米菜食の生食と同じような効果があります。これは菌の働きによるものです。腸の中の菌がこの食事によって活性化したということです。甲田先生は生菜食によって腸内菌を増やすという方法で、病気に対応していきたいと考えていたのですが、なかなか実践には至りませんでした。おいしい生菜食ができるような調理法がわからなかったということがいちばんの問題だったと思います。

池谷さんのように料理することができれば、加熱していない野菜で満腹になり、腸内菌が増えて体温が上がります。自律神経のバランスがとれ、気の集中が高まり、つまり、体がカッと熱くなるのです。体温と気力を上げるという意味で食事も大事です。やはり坐禅をするには菜食が良いと思います。これも自分で体験してみてわかる話です。

それから日本の多くのお坊さんには耳が痛いと思いますが、お酒は駄目です。アルコールは腸を緩め、脳のビタミン不足をもたらすので、お酒を飲むような生活をしながら坐禅をしていてもまったく効果はありません。医師のみなさんも飲酒をする人が多いようですが、アルコールによってどんどん頭の中が壊れていくでしょう。一度壊れた脳細胞は元に戻せません。

悟りを求めるならば、仏陀が定めたようにお酒はいけません。修行に取り組む人も、お酒を飲んでいると、いざという時に直観が働かずに死ぬと仏陀は言っています。回峰行の中で転がり落ちてくる石を避けられないというようなことを指すのでしょうが、修行をする人がお酒を飲んでいては駄目なのです。

坐禅と悟り

野口法蔵

仏教の経典は二万経巻あり、すべて読みましたが、どの経巻にも真実があって、一つでも実践すれば大きな変化がもたらされます。二万経巻を結跏趺坐《けっかふざ》で集中して読むと五千時間掛かります。すべて読みきった人は日本では宗派の開祖となった十人くらいです。感動する経典はそれぞれの感性によって違います。私の場合はまずは阿含経《あごんきょう》に感銘を受け、パーリ語大蔵経を読んで同じ感動がありました。短いお経でも一つ獲得すると、どの言語で書かれたお経も感覚的にわかるようになります。意味がわからなくても伝わるという不思議な感性が養われていくのです。

私はいろいろな修行をしてきましたが、二十代に無言の行をした三年間が、いちばんの核となった時期です。核になる時間というのは二十代でなくてもつくれますが、体でわかろうとするなら、二十代で経験する必要があります。そして二十代に修行したものを、年齢とともにいかに持続していくかが知恵の出しどころとなります。

坐禅と悟りというテーマについて考えてみようと思いますが、悟りについて述べるのはおこがましいものです。禅では悟りという言葉を使った途端に、嘘をついたことになると言われます。

仏陀が教えを説いていた頃から、悟りには四段階あるとされてきました。禅ではそれらを大大悟、大悟、中悟、小悟と呼びます。小悟を何度も繰り返して、中悟になり、中悟を繰り返して、大悟に至ります。

大中小の違いは悟った後の時間がどれくらい持続するかの差です。小悟は得た途端にすぐ消えます。小悟が消えた後は悟る前よりもっと落ち込み、真剣に取り組む人は病に陥ることがあるほどです。これは禅病と呼ばれます。

中悟は小悟に比べてもう少し長く続きます。大悟はさらに長く続きますが、生涯維持されるわけではありません。大大悟という、一生涯続く悟りもありますが、そこにたどり着くのは普通は無理と言われています。一度に究極の悟りを求めても、それは容易に達せられるものではありません。小さな悟りを積み重ねることで、人は少しずつ前進して行けますし、周りの人にも良い影響与えることができます。

私は一時期、末期がんの患者さんたちと坐禅断食をしていたことがあります。坐禅のときに得られた感覚を最後の瞬間に蘇らせることができるといわれています。マハーサマーディ、すなわち自らの意思で肉体を離れるという境地につながるというものです。

私は何人もの臨終に立ち会いましたが、念仏者だから阿弥陀様、観音信仰だから観音様が見えるのではないようです。ある末期がんの方は、最後に自宅に戻ったのですが、痛みが出ると坐禅断食しているところを想像し、『延命十句観音経』を唱えました。すると部屋が真っ白になったように感じられ、光が出てきて痛みが和らいだそうです。そして、その光が自分に近づいて来たとき、それが観音様であることがわかったと言っていました。

その方は、それほど信仰が深かったわけでもなく、坐禅断食も三回参加しただけでした。ただ、そのわずかな経験が意識よりも体を通して、光の体験を呼び込んだのでしょう。お経を唱えることで坐禅断食をしたときのことが蘇り、その感覚が痛みを取り除いて、より心地良い状態で次の世界に行くのに役立ったように思います。

私はかつて小乗仏教を目指していました。他人は所詮変えられない、自分のことは自分で、自分の完成を目指していく、という発想です。とはいえ、チベットの聖なる山にいても外の情報は入ってきますし、心をどうコントロールしても、世の中はどうなっているのかと気になるものです。その間ずっと、私は山で生きることの意味を考えるようになりました。

やがて、私は大乗仏教に興味を惹かれるようになりました。大乗仏教には可能性がどこまでもあり、その一つが禅です。戒律を前提とした信仰を深めるなら、禅はかなりの悟りに到達できると思います。

私は僧侶になってからの三十七年間で、小悟と中悟との中間くらいのレベルの悟りを経験したことが二度あります。最初はラダックのリゾン寺でのことです。その頃、私はこの寺にずっといることが良いことなのかという漠然とした苦しみに悩まされていました。師匠に打ち明けると千手観音像のお堂にこもって、解決するまで出てはならないと告げられ、灯明と仏様に供えるバターを渡されました。

目覚めているときは、ひたすら五体投地を続け、倒れたらそのまま眠る。横に粉を置いて、水をかけて食べる。夜中に一回排泄のため外に出る以外は、ずっと五体投地を続けていると、十日後に光が見えました。灯明の光で、うっすらとしか見なかった千手観音像が、明るいところにいるようにはっきりと見えたのです。観音像は生身の仏に変わり、その顔は怒りの表情を浮かべていました。

それが慈悲を表していると気づいたとき、涙が溢れ出しました。私は、涙を流しながら、五体投地を続けました。私の涙で衣が濡れ、お堂の床が水を含みました。そして、いつしか私はぐっすりと眠り、お堂を出たのです。

見るものすべてが光り輝いて見えました。壁も石も何もかも、すべてが生き物のように柔らかく感じられました。そして仏陀が経典で説いた、人間の苦しみを滅する方法はこの世にある、というイメージが浮かびました。

普通は悟ったときの状態は、自分が光になるとか、透き通るように感じられるとか表現されることが多いのですが、経典の一説が浮かぶという話は聞きません。私にそのイメージが浮かんだのは、そのときインドにいたからかもしれません。

それから私はビザを取る必要もあり、お寺を出て街に向かいました。デリーでは出会う人みんなが私をじっと見つめました。オールドデリーの駅前では、南京豆売りの人がいきなり私の前にひれ伏し、私が驚いて横を通り過ぎると、追いかけて来てまたひれ伏しました。インド人は精神的に良い状態にある人を見ることができるのでしょう。その後、ブッダガヤーに寄ったところ、私は出会ったお坊さんに、あなたは良い状態に入っていますねと指摘されました。

その後、すでに触れたように、私はスリランカの山の中に六カ月間こもるという修行に参加しました。呼吸によってどんな状態まで維持できるか、挑戦したかったからです。五十度くらいになる暑くて狭い独房のような場所で、坐禅を続けました。全身を蚊に刺され、黄色い衣は自分の血でどす黒く染まりました。呼吸法によって、その状態を楽しい、蚊を可愛いと感じていくのです。インド、バングラデシュ、タイ、カンボジア、ベトナムなどから二百五十人が集まり、六カ月間最後まで坐禅を続けることができたのは、私を含め十数人に過ぎませんでした。しかしそこでは、目を開けながら幻覚のようなものを見ましたが、悟りの体験はありませんでした。

三十年前、私は坐禅断食とともに、五体投地も始めました。五体投地をしないと心臓がもたない気がして、一日十時間以上、五体投地を続けていたこともあります。以前、断食の指導者が続けて何人も心不全で亡くなった時期がありました。人を三日断食させるのはとても不安なもので、不安は心不全を引き起こすのです。最近は、断食中や海外滞在中をのぞき、一日数時間は五体投地をしています。限りある時間のほとんどを五体投地に使ってきたのが私の人生です。

十数年前、五体投地をしているとき、バチカンで五体投地をする自分の姿が何日も脳裏に浮かんだので、バチカンを訪れました。ちょうど、ヨハネ・パウロ二世が亡くなる直前でした。そのときローマ教皇庁の大臣のご好意で、聖フランチェスコの部屋で五体投地をさせてもらいました。ローマ教皇がよほどのときにこもる以外は、入室できない特別な部屋でしたが、五体投地させてもらったら、暗い部屋全体がパッと明るくなりました。私はその体験をするために、バチカンで五体投地をしたのだと気づきました。十三年ぶりの悟りの感覚でした。

ところで、坐禅断食をすると宿便が出ると言いましたが、宿便が出る仕組みは、自律神経の働きによるものです。少食にして坐禅し、ゆっくり呼吸すると、交感神経が作用します。断食すると、腸が働いて宿便が出るのです。腸は脳よりも能力があり、記憶力もあります。断食を経験したら、その感覚を思い出しながら、ゆっくりした呼吸で坐禅すると、それだけで宿便を出すことができます。坐禅といっても背中が伸びていればよく、体勢は問いません。横になっていても立っていてもいいのです。胸を膨らませないように、下腹部でゆっくり呼吸すると、腸が働き出します。お寺で一汁一菜の生活をしていてもなかなか悟れないのは腸が動かないからです。腸が働くように食事や呼吸をコントロールすることで、悟りに近づきます。

坐禅中の呼吸は、遅ければ遅いほうが良いです。十五秒に一回よりも遅い呼吸をすると、血中酸素濃度が下がります。口からの呼吸では酸素が不足して、皮膚呼吸の比率が上がります。ゆっくり呼吸しながらしかも息を止めないでいると、腸を働かせる交感神経が活発になり、かなりの宿便が出ます。

坐禅は安楽の法門と呼ばれ、意図的に苦しい呼吸することは邪道と考えられています。ただ、余計な念想がないときは呼吸は自然に、どんどんゆっくりになっていくのです。呼吸をゆっくりするための方法に菜食があります。インドに二百万人いるジャイナ教徒を見るとわかりますが、彼らは少食で菜食でゆっくりした呼吸をしています。病人は少なく寿命が長いのです。ジャイナ教徒は断食を行うとき、目を開けて体を動かさず、姿勢を起こしたまま鼻で呼吸します。「ジャイナ」という言葉は、諸説ありますが、「禅」という言葉の語源でもあるのです。

ジャイナ教徒は前にも言いましたが、宝石商等の商人であることが多く、嘘をつかない、駆け引きをしないことで知られています。彼らの経営理念は儲けではなく徳を積むことにあるからです。人生の目的は徳を積むことで、その手段が仕事だと考えるのです。たとえカーストが低くても、その仕事に長けて極意をつかみ、悟りを得ることが仕事の目的と考えられているので、ビジネスにぶれがありません。そのため、インド社会での信用が厚く、お金持ちが多いのです。

そんな彼らが唯一の修行法として選んでいるのが断食であることはじつに興味深いです。断食は心と体をきれいにします。短くても質の良い坐禅を覚えて心地良さを体験するということを、みなさんにもお勧めしたいと思います。

なお、結跏趺坐は神経伝達がスムーズになる姿勢です。結跏趺坐をした途端に、体は坐禅のモードに入ります。とはいえ、坐禅そのものは首の下が伸びていれば成立するものです。本人にとって難しければ、結跏趺坐にこだわることなく、坐禅を体験していただきたいと思います。

語らぬ坐禅断食の効果

野口法蔵

断食は取り組む人の精神面に大きな影響を及ぼしますが、体に対しても同様に大きな影響があります。実際に参加される方には病気の改善を期待している方が多数いますが、どういう結果になるかは一人一人違い、非常に個人差があります。指導する側としては、どの人にも良い結果が出てほしいという気持ちで取り組みます。

シスターはキリスト教ということで立場は違いますし、断食に取り組んでおられるわけでもありませんが、同じことをなさっていると思います。「救う」というとシスターは大袈裟だとおっしゃるかも知れませんが、とにかく「一人一人を変えていければ」という発想で活動なさっています。

ユダヤ教の口伝律法『タルムード』にある「一人を救う者は世界を救う」という言葉が私は好きですので、万人のための方策は何だろうかという考え方を私はしません。一人一人にとっての方策があるだけなのだと思っています。

また、坐禅断食について口頭で話さないのは、私が宗教的な歩みをインドからスタートさせたことの影響もあるでしょう。インドというのは教えを広く浅く伝えるというより、密教本来の意味通りに、教えをとにかく狭く深く、ほとんど秘密にするくらいの感じで扱います。そういう伝承の仕方だからこそ、良い教えを良いままに残していくことができると考えるのです。今のように情報が氾濫しているご時世では、なおさら安易に広めることなく、ある程度隠していくことが必要なのかも知れません。

私が指導する坐禅断食に参加した人たちには、その人その人にふさわしいアドバイスを行って、その人なりの呼吸法を獲得してもらうことを目指しています。これは医療の領域にも関わることですが、治りにくいといわれているような病気が、このような過程の中で実際に改善していく例がいくつもありました。

このことはチベットで学んだことに基づいています。チベットでは極寒の過酷な環境を、食事の仕方と共に呼吸の仕方で、体を守り乗り切っていくのです。自分でその環境の中に身を置いて、自分でその仕方を発見していくしかありません。つまり、自分がいちばん良いと思うことでも、人に伝えて相手も同じように良いとは限らないということです。

おわりに

鈴木秀子

かつて、私が長野で講演したとき、野口法蔵さんがそれを聞きに来てくださったそうですが、私はそのことをよく覚えています。講演が終わった後に、会場にはたくさんの人がいたのですが、外に出ると、お父さんとお母さんと小さな女の子が三人手をつないで車の方に歩いていく後ろ姿を見たのです。それが大変印象深くて、あの方はどなたなんだろうと思ったのですが、わからなかったのです。それからしばらくして、あの方は法蔵さんだとわかったのです。その手をつないで聞きにきてくださった小さなお嬢さんは、今は大学を卒業して立派な社会人になって、結婚もされていらっしゃると聞いて、長いお付き合いだったなと思います。こういうふうに人生で良い人に巡り合うほどの幸せはない、大きな幸せの恵のひとつは良き人に出会えることだと言いますが、法蔵さんとのこの長いご縁が私の大きな恵みです。

最後に、この本の製作には多くの人のお手伝いがありました。二川透さん、新谷直恵さん、寺島かほるさん、丸山あつみさん、ありがとうございました。また、担当された佼成出版社の大室英暁さんに感謝を申し上げます。

鈴木秀子（すずき ひでこ）
1932年、静岡県生まれ。聖心会（カトリック）シスター、日本近代文学研究者。東京大学大学院人文科学研究科博士課程修了。文学博士。フランスおよびイタリアに留学し、ハワイ大学、スタンフォード大学で教鞭を執る。聖心女子大学教授を経て現在、聖心女子大学キリスト教文化研究所研究員、聖心会会員、国際コミュニオン学会名誉会長を務める。長年、死期が近づいた方の看取りに携わり、本人や家族の相談に乗っている。著作は多く、おもな近著に『死にゆく人にあなたができること』（あさ出版）、『あきらめよう、あきらめよう』（アスコム）、『人はいつか死ぬのだから』（ＰＨＰ研究所）、『こども聖書』（すばる舎）、『逆風のときこそ高く飛べる』（青春出版社）などがある。

野口法蔵（のぐち ほうぞう）
1959年、石川県生まれ。禅僧、「坐禅断食」指導者。千代田工科芸術学院写真科卒業。新聞社勤務を経て北インド・ラダックのチベット仏教僧院リゾン寺にて出家し、３年間修行生活を送る。その後、スリランカでのヴィパーサナ（ヴィパッサナー）修行、インド国立タゴール大学での修学などを経て帰国、臨済宗妙心寺派の平野宗浄老師に就いて得度する。１日数時間にもおよぶ五体投地（礼拝行）と、断食に坐禅を取り入れた坐禅断食会の主宰・指導はともに30年を超える。おもな著作に『オンマニベメフン』『直感力を養う坐禅断食（新装版）』『坐禅断食のススメ』『これでいいのだ』（以上七つ森書館）、『坐禅断食（第３版）』（よろず医療会ラダック基金）などがある。

悟りから祈りへ

2021年4月30日　初版第1刷発行

著　者　鈴木秀子　野口法蔵
発行者　中沢純一
発行所　株式会社佼成出版社
〒166-8535　東京都杉並区和田2-7-1
電話　(03) 5385-2317（編集）
(03) 5385-2323（販売）
URL　https://kosei-shuppan.co.jp/
印刷所　錦明印刷株式会社
製本所　株式会社若林製本工場

ISBN978-4-333-02847-4　C0014